KB045069

스페인 여행 제대로 즐기는

여행박스 스페인어

여행 스페인어

초판 1쇄 발행 2023년 8월 11일
초판 2쇄 발행 2024년 2월 1일

지은이 장선이
감수 시원스쿨어학연구소
펴낸곳 (주)에스제이더블유인터내셔널
펴낸이 양홍걸 이시원

홈페이지 www.siwonschool.com
주소 서울시 영등포구 영신로 166 시원스쿨
구입 문의 02)2014-8151
고객센터 02)6409-0878

ISBN 979-11-6150-744-6
Number 1-120000-18181800-08

이 책은 저작권법에 따라 보호받는 저작물이므로 무단복제와 무단전재를 금합
니다. 이 책 내용의 전부 또는 일부를 이용하려면 반드시 저작권자와 ㈜에스제
이더블유인터내셔널의 서면 동의를 받아야 합니다.

스페인 여행
제대로 즐기는

왕초보
스페인어

장선이 지음 **시원스쿨어학연구소** 감수

 시원스쿨닷컴

프롤로그

아는 만큼 보인다.

　인생에 찾아온 번아웃을 이겨내기 위해 떠난 여행이 이런 결과를 가져올지 몰랐다. 처음에는 그저 내가 보려고 찍은 사진들이었다. 스페인어를 배우고 여행을 갔더니 여행을 다니는 곳곳의 간판들과 건물들의 글자들이 보이고 사람들의 말이 들렸다. 신기해서 이 모든 것을 사진에 담기 시작했다.

　그런데 사진이 100장이 넘어가니 나 혼자 보기에는 아까웠다. 또한 스페인어가 보이기 시작했던 이 감정과 경험을 공유하고 싶었다. 스페인어를 무작정 공부하는 것이 때로는 지루하고 고된 작업인데 직접 스페인 현지에 가서 보고 들으며 체험하니 더 빠르게 흡수되었다. 이 경험을 많은 사람들과 공유하고 싶었다. 현지의 느낌을 생생하게 살린 사진들과 이 표현들을 통해 초보자도 재미있게 스페인어를 익힐 수 있는 책을 만들면 좋겠다는 생각이 들어 이 책을 기획하게 되었다.
　쇼핑 · 관광 · 먹을거리 등의 정보와 스페인 곳곳의 사진들을 통해 여행 가기 전에 느낄 수 있는 설레임은 덤이다.

책을 쓰는 동안 나는 마법에 걸려 있었다.

　스페인어도 재미있었지만 스페인이라는 나라가 놀랍도록 매력적이었다. 유네스코 세계문화유산 보유국 세계 3위, '유럽의 키친'이라 불리는 미식 국가, 단돈 1,000원으로 와인을 살 수 있는 나라, 안토니 가우디의 건축부터 알함브라 궁전까지 역사와 문화를 돌아보며 다시 그곳을 여행하는 느낌이 들었다. 가파른 해안 지형에 늘어선 강렬한 색상을 뽐내는 주택들. 도시마다 넘치는 개성을 보았고 무엇을 하든 무엇을 입든 자유로운 스페인의 분위기에 흠뻑 빠져들었다.

　여행은 내가 정해 놓고 정답이라고 여겼던 기준을 깨부수는 데 기여한다. 동태눈깔을 하고 "인생이 다 그렇지 뭐" 하던 이에게는 다시금 세상에 대한 호기심을 갖게 해준다. 나는 이 책을 삶에 심폐소생술이 필요한 이들에게 바치고 싶다. 당신도 스페인에서 나와 같은 설레임을 느꼈으면 좋겠다.

이런 분들께 추천합니다.

　　스페인 여행을 떠나기 전 준비하는 분들에게 권합니다. 한글 발음 표기를 병행하여 스페인어를 전혀 몰라도 상관없다. 때로는 스페인 여행 목적이 아닌 공부를 목적으로 하는 분들에게도 흥미롭고 의미 있는 책이 될 것이다. 생생한 스페인 현지 사진과 표현들을 통해 초보 수준의 학습자도 쉽고 재미있게 익힐 수 있다.

Thanks to

유쾌한 카리스마 시원스쿨 양홍걸 대표님
끝까지 세심하게 도움을 주신 조순정 실장님
출판을 위해 애써 주신 모든 분들께

미운 오리 새끼 같은 둘째 딸이지만 넘치는 사랑으로
어떠한 역경도 이겨 나갈 힘을 주신
부모님과 가족들 사랑합니다.

마지막으로 제 책으로 인연을 맺은 당신, 고맙습니다.
걸을 수 있다면 당신도 떠날 수 있습니다.

2023년 8월
인생의 새로운 시작을 맞이하려는 길목에서

책의 구성 & 특징

❶ 사진으로 익히는 '가장 일상적인' 스페인어

실제 스페인 현지에 있는 표현 통해 재미있고 자연스럽게 익힌다!

공항에서부터 시작해서 스페인 현지에 도착하여 보이는 간판, 메뉴판들의 사진과 이에 등장하는 표현들을 담았습니다. 이 과정을 통해 '가장 일상적인' 스페인어를 '가장 친숙하게' 접근할 수 있도록 안내합니다.

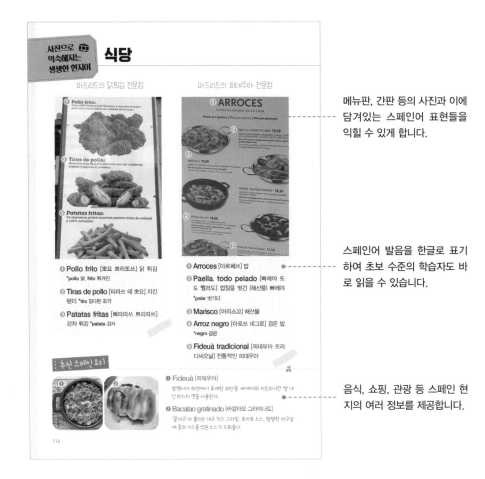

메뉴판, 간판 등의 사진과 이에 담겨있는 스페인어 표현들을 익힐 수 있게 합니다.

스페인어 발음을 한글로 표기하여 초보 수준의 학습자도 바로 읽을 수 있습니다.

음식, 쇼핑, 관광 등 스페인 현지의 여러 정보를 제공합니다.

❷ 가장 쉽고 빠르게 익히는 여행 스페인어 회화

여행의 상황별로 등장하는 꼭 필요한 문장을 엄선하여 수록하였습니다. 또한 각 문장에서 각 단어 아래 스페인어 발음의 한글 표기와 단어 뜻을 1:1로 매칭하여 기재하였습니다. 이를 통해 초보 수준의 학습자라도 직관적으로 스페인어 문장을 보고 바로 읽고 뜻을 이해할 수 있게 하였습니다.

이러한 과정이 계속 반복됨에 따라 문장에 자주 등장하는 단어 · 표현들이 저절로 학습되도록 구성하였습니다.

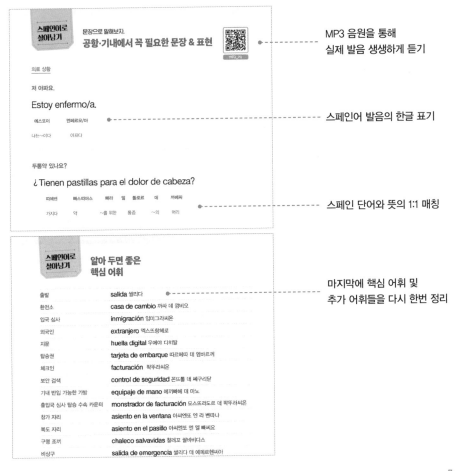

MP3 음원을 통해
실제 발음 생생하게 듣기

스페인어 발음의 한글 표기

스페인 단어와 뜻의 1:1 매칭

마지막에 핵심 어휘 및
추가 어휘들을 다시 한번 정리

책의 구성 & 특징

❸ 여행 정보와 여행 회화를 한 권에

'스페인 여행 100배 즐기기'를 통해 저자가 스페인 여행 경험을 생생하게 공유하는 매력 가득한 페이지를 제공합니다. 또한 페이지 곳곳에 추천하는 스페인 여행 정보들을 수록하여 본 책을 통해 여행 정보와 여행 회화를 모두 얻을 수 있습니다.

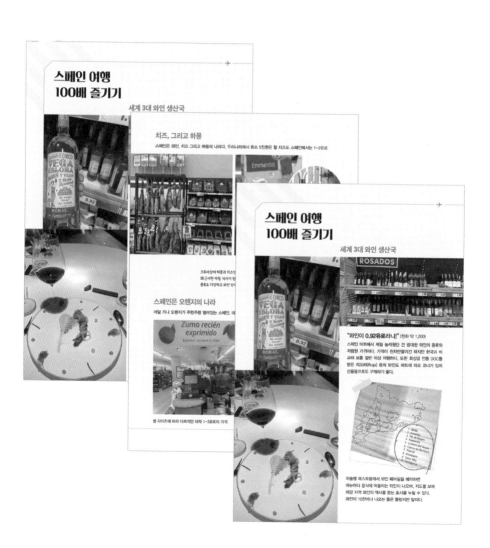

목차

스페인 한눈에 보기

Castropol Gijón Santander San Sebastián
Oviedo
ASTURIAS CANTABRIA Bilbao PAIS VASCO
León Vitoria Pamplona
NAVARRA
CASTILLA Burgos Logroño
LA RIOJA
Zamora Valladolid Aranda de Duero Zaragoza CATALUÑA
Geror
Calatayud Lérida
LEÓN ARAGÓN Barcelona
Salamanca Tarragona
Ávila Guadalahara
MADRID Balearic Sea
Madrid Teruel Castellón de la Plana
Tarancón ISLAS BALE
Toledo VALENCIA Pal d Mall
Cáceres CASTILLA LA MANCHA Valencia
EXTREMADURA Ibiza Isla de Formentera
Mérida Ciudad Real Albacete
Alicante
Linares MURCIA
Córdoba Jaén Murcia
Sevilla ANDALUSÍA Cartagena
elva Granada
Antequera Almería
Jerez de la Frontera Málaga
diz
Algericas Gibraltar (U.K.)

스페인 주요 도시

바르셀로나

스페인에서 가장 이국적인 도시를 여행하고 싶다면 바로 이곳이다. 예술가들이 사랑하는 도시 1위, 유럽인들이 가장 살아보고 싶은 도시 1위! 음식, 문화, 쇼핑, 예술 등 뭐 하나 빠지는 게 없는 곳. 오전에는 가우디 건축물을 관람하고 낮에는 람블라스 거리에서 쇼핑을 하고 저녁에는 카탈루냐 음악당에서 공연을 감상한 후 바에서 타파스를 즐겨보자.

주요 관광명소
피카소 미술관(Museo de Picasso), 구엘 공원(Park Güell), 사그라다 파밀리아(Sagrada Familia)

마드리드

인구 약 300만 명의 스페인 수도이다. 왕가와 귀족들의 수집품을 전시하는 미술관이 도심 곳곳에 있고 특히 세계 3대 미술관 중 한 곳으로 뽑히는 프라도 미술관이 위치하고 있다. 역사적인 명소와 현대적인 미를 두루 갖춘 매력적인 도시이다.

주요 관광명소
마요르 광장(Plaza Mayor), 솔 광장(Plaza del Sol), 티센 보르네미사사 미술관(Thyssen Bornemisza), 프라도 미술관(Museo del Prado)

톨레도

1561년 마드리드로 수도가 천도될 때까지 스페인 통일 왕국의 수도로서 정치, 행정의 중심지 역할을 한 곳이다. 수도 마드리드에서 한 시간 반 거리에 위치해 있다. 구시가 전체가 세계문화유산으로 중세 시대의 보물섬으로 불린다. 또한 유대 문화 및 기독교 문화, 이슬람 문화가 한 도시에 공존하는 곳이기도 하다.

주요 관광명소
톨레도 전망대

말라가

스페인 남부에 위치한 안달루시아 지방의 항구도시 말라가는 1년에 비가 오는 날이 50일이 안 될 정도로 햇빛이 풍부한 곳이며 유럽에서 겨울이 가장 따뜻한 도시이기도 하다. 스페인에서 6번째로 큰 도시이며, 2,800년의 역사를 가지고 있어 세계에서 가장 오래된 도시 중 하나로 꼽힌다.

주요 관광명소
말라가 피카소 미술관(Museo Picasso Málaga)

그라나다

과거 800년간 이슬람의 지배를 받았고, 현재까지도 다양한 문화가 혼재되어 있어 상당히 이국적인 느낌이 나는 도시이다. 히피, 이슬람, 기독교 등의 문화가 완벽하게 공존하는 그라나다는 어느 곳을 여행하느냐에 따라 다른 시대와 문화를 체험할 수 있는 것이 큰 매력이다.

주요 관광명소
사크로몬테(Sacromonte), 알함브라 궁전(Palacio de la Alhambra)

세비야

세비야는 스페인을 상징하는 플라멩코와 투우의 본고장이다. 스페인에서 네 번째로 큰 도시이기도 하다. 플라멩코 춤을 이해하고 역사, 발전상을 알고 싶다면 세계 유일의 플라멩코 댄스 박물관을 방문하도록 하자. 길가를 지나다 보면 와인을 마시며 관람하는 소규모 공연장도 자주 볼 수 있다.

주요 관광명소
누에바 광장(Plaza Nueva), 스페인 광장(Plaza de España)

스페인 관광 스팟 베스트 7

REC●

08:12:15

1 알함브라 궁전

이슬람 왕궁인 알함브라는 그라나라를 가장 아름다운 도시로 만든다. 현존하는 이슬람 최고
의 작품으로 불린다. 지금은 기독교 문화권이 된 도시에서 이슬람 궁궐을 보는 기분이 묘하
다. 1870년에 국보로 지정되었고 이후 1984년에 유네스코 지정 세계문화유산이 되었다.

2 구엘공원

가우디의 작품으로 구엘이 설계를 의뢰해 1886~1890
년에 지어진 집이다. 사그라다 파밀리아 성당과 함께
가우디의 천재성을 보여주는 작품이다. 다양한 색깔의
모자이크로 장식된 화려하면서도 신비로운 느낌을 간
직한 곳이다.

3 사그라다 파밀리아

스페인 건축가 가우디의 최고의 건축물로 프라도 미술
관과 알함브라 궁전과 함께 스페인에서 가장 인기 있는
건축물이다. 성당 내부는 자연을 모티브로 숲속을 걷는
듯한 느낌을 주도록 설계되어 있고 햇빛에 따라 빛의
색이 달라지는 아름다움을 지녔다.

4 바르셀로나 캄프 누

바르셀로나에 가면 FC 바르셀로나의 경기를 직관
해보자. 특히 스페인 축구 시즌인 매년 8월~5월까
지는 많은 경기가 오후 8시에 시작되어서 야간 홈
경기를 보기에 좋은 기회이다. 99,000명 이상을 수
용하는 캄프 누는 유럽 최대 규모의 경기장이고, 축
구 경기를 보는 것만으로도 감탄이 절로 나온다. 좌
석에 따라 티켓 가격이 다르니 미리 예매하는 것이
좋다.

5 마드리드 마요르 광장 & 솔 광장

마드리드의 마요르 광장 주변에는 스페인을 대표하는 기념품
을 파는 상점들이 즐비하게 늘어서 있다. 솔 광장 근처에는
엘 코르테 잉글레스(El Corte Inglés) 백화점이 있고, 그란
비아 일대를 가면 Zara를 비롯한 옷가게와 신발, 악세서리
가게가 가득하다. 프라도 미술관 위쪽 살라망카 지구에 있는
Serrano거리에는 고급 브랜드 숍이 모여 있다.

6 프라도 미술관

세계 3대 미술관 중 한 곳으로, 마드리드에 간다면 꼭
한 번 가야 하는 곳이다. 스페인 출신의 디에고 벨라스
께스, 프란씨스코 고야, 엘 그레꼬 등 수많은 화가들의
그림을 소장하고 있는 대형 미술관으로 세계적인 수준
의 규모를 자랑한다.

7 세비야 누에바 광장

마시모두띠, 망고, 자라, 캠퍼 등 스페인을 대표하는 브
랜드들이 세비야에도 매장을 두고 있다. 한국에 비해
저렴하고 제품 종류도 다양해 쇼핑하기 좋은 곳이다.
스페인에서 4번째로 큰 도시답게 유명 브랜드 외에도
지역을 대표하는 특산물, 기념품 가게가 많고, 특히 투
우와 플라멩코 관련 제품은 스페인에서 최고다. 현지
인들이 즐겨 찾는 백화점과 상점은 누에바 광장(Plaza
Nueva) 주변에 모여 있다.

스페인 여행에 유용한 어플

Google Map (구글맵)

대중교통 실시간 정보, 길 찾기 네비게이션 등으로 여행용 앱의 1위로 꼽힌다. 특히 관심 있는 곳의 위치를 저장하면 미리 동선을 짤 수 있고, 애매한 곳에서 내 근처 음식점을 검색하면 리뷰가 높은 맛집을 추천해 준다.

Papage (파파고)

구글 번역기와 파파고만 있으면 언어는 문제없다! 특히 언어가 포함된 사진을 찍으면 바로 번역해 주는 기능이 있어 현지에서 메뉴판 등을 볼 때 유용하다.

Alsa (알사)

스페인 시외버스 예매앱. Alsa 버스를 타면 도시 간 이동뿐 아니라 옆 나라 포르투갈까지 갈 수 있다. 비수기인 겨울에는 미리 예약하지 않아도 현장에서 표를 구할 수 있지만 봄 · 여름 등의 성수기에는 적어도 며칠 전에는 표를 끊는 것을 추천한다.

Freenow (프리나우)

택시 예약 어플. 스페인의 카카오 택시 격인 Cabify의 경우 스페인 현지 번호가 있어야 가입할 수 있다. Freenow는 구글 아이디로 가입 후 출발지, 목적지, 시간을 설정한 후 예약을 하면 연동된 카드로 금액이 결제되고 택시 예약이 완료된다.

숙소 예약 추천 사이트

 한인민박

민다

 현지인 숙소

에어비앤비

SNS

WhatsApp (왓츠앱)

스페인의 카카오톡. 스페인에서 친구를 사귀면 WhatsApp 아이디를 물어본다. '왓츠앱'이 아닌 '와쌉' 이라고 발음한다.

 금융

Travel Wallet (트레블 월렛)

수수료 없이 체크카드 및 교통카드를 사용할 수 있다. 실물 카드가 필요하니 최소 2~4일 전에는 은행에서 미리 신청하도록 하자.

Renfe (렌페)

스페인 기차 예매앱. 표는 약 2~3달 전부터 예약이 가능하며 운이 좋으면 50% 이상 싼표도 구매할 수 있으니 수시로 살펴보자.

Omio (오미오)

교통수단 예매앱. 출발지와 목적지, 날짜 및 인원수를 예약하면 비행기, 기차, 버스 등 다양한 교통수단을 보여준다. 5분도 안 걸리는 예약시간이 장점이나 약간의 수수료는 부담해야 한다.

 호텔/아파트

부킹닷컴

아고다

호텔스닷컴

PART 1
공항 & 숙소

Kelly talk!

"톨레도를 보지 않았다면 스페인을 본 것이 아니다!"

1561년 마드리드로 수도가 천도될 때까지 스페인 통일 왕국의 수도로서 정치, 행정의 중심지 역할을 한 곳.

처음 도착했을 때 마치 '왕좌의 게임'의 배경에 들어온 듯한 기분이 들었을 만큼 중세 시대의 보물섬인 톨레도는 구시가 전체가 세계문화유산이다.

자그마한 도시라 당일치기로 보기에 충분하지만, 1박 2일을 머물며 천재 화가 엘 그레코의 발자취와 유적지를 찾아보는 것도 좋다.

공항·기내

스페인 공항 표지판에 적힌 스페인어 표현

❶ Aeropuerto [아에로뿌에르또] 공항

❶ Cambio [깜비오] 환전

❶ Puertas [뿌에르따스] 문

❷ Salidas [쌀리다스] 출구

❸ Conexiones [꼬넥씨오네스] 연결

Tip!

영어와 스페인어는 둘 다 라틴어의 영향 아래에 있었다. 따라서 영어를 배운 학습자라면 영어와 비슷한 스페인어를 비교적 수월하게 배울 수 있다. 더욱 희소식은 옆나라의 포르투갈어도 매우 비슷하다는 점! 덕분에 포르투갈에서도 많은 어휘들을 어렵지 않게 추측할 수 있었다.

❶ **Recogida equipaje** [레꼬히다 에끼빠헤] 수하물 인도장 *recogida 수거, equipaje 짐

❷ **Lanzadera** [란싸데라] 셔틀버스

❶ **Llegadas** [예가다스] 도착

❷ **Facturación** [팍뚜라씨온] 체크인

공항·기내

비행기 안에 있는 안내문구

① **Tarifa por minutos** [따리빠 뽀르 미누또스] 분당 요금 *tarifa 요금, por ~당, minuto 분

② **Sin reserva previa** [씬 레쎄르바 쁘레비아] 사전 예약 없이 *sin ~없이, reserva 예약, previa 사전의

① **Por favor** [뽀르 파보르] 부탁합니다.

② **Apague la luz** [아빠게 라 루쓰] 불을 꺼주세요. *apagar 끄다, la luz 빛

① **¿Cómo valorarías los aseos?** [꼬모 발로라리아스 로스 아쎄오스] 화장실을 어떻게 평가하세요? *valorar 평가하다, los aseos 화장실

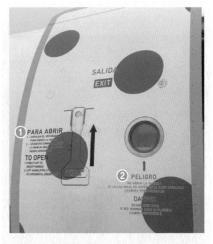

① **Para abrir** [빠라 아브릴] 열기 위해서는 *abrir 열다

② **Peligro** [뻴리그로] 위험

 Tip!

스페인에서는 외부 화장실이 유료이다. 심지어 기차역의 화장실도 유료! 이용료가 보통 50센트 정도니 동전을 미리 준비하도록 하자.

20

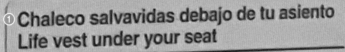

① Chaleco salvavidas debajo de tu asiento
Life vest under your seat

② Por favor abróchate el cinturón
mientras permaneces sentado
Please fasten seat belt while seated

③ La cuna de bebé tiene que ser guardada
durante taxi, despegue, aterrizaje
y turbulencias

Baby bassinet must be stored for taxi,
take off, landing and turbulent weather

❶ Chaleco salvavidas [찰레꼬 쌀바비다스] 구명 조끼

❷ Por favor abróchate el cinturón [뽀르 파보르 아브로차떼 엘 씬뚜론] 안전벨트를 매세요.
*por favor 부탁합니다, abrochar 착용하다, el cinturón 안전벨트

❸ La cuna de bebé [라 꾸나 데 베베] 아기 침대

 Tip!

'Por favor(뽀르 파보르)'는 영어의 'Please(부탁합니다)'에 해당하는 말이다. 문장을 만들기 어려울 땐 어휘 끝에 '뽀르 파보
르~'를 붙이도록 하자. '라 꾸나 데 베베 뽀르 파보르~'

문장으로 말해보자.
공항·기내에서 꼭 필요한 문장 & 표현

[공항]

이티켓 보여주기

여기 제 이티켓이요.

Aquí tiene mi billete electrónico.

아끼	띠에네	미	비예떼	엘렉뜨로니꼬
여기	가지다	나의	표	전자

좌석 요청

창가쪽 자리 주세요.

Deme un asiento en la ventana, por favor.

데메	운	아씨엔또	엔	라	벤따나	뽀르 파보르
나에게 주세요		자리	~에		창문	부탁이에요

통로 쪽 자리 주세요.

Deme un asiento en el pasillo, por favor.

데메	운	아씨엔또	엔	엘	빠씨요	뽀르 파보르
나에게 주세요		자리	~에		복도	부탁이에요

게이트 찾기

3번 게이트는 어디 있어요?

¿Dónde está la puerta tres?

돈데	에스따	라	뿌에르따	뜨레스
어디	~있다		문	3

면세점

면세점 어디예요?

¿Dónde están las tiendas libres de impuestos?

돈데	에스딴	라스	띠엔다스	리브레스	데	임뿌에쓰또스
어디	~있다		가게	자유로운	~의	세금

유로로 계산해도 되나요?

¿Puedo pagar en euros?

뿌에도	빠갈	엔	에우로스
할 수 있다	지불하다	~로	유로

탑승

탑승 언제 해요?

¿Cuándo comienza el embarque?

꾸안도	꼬미엔싸	엘	엠바르께
언제	시작하다		탑승

연착

다음 비행기는 언제예요?

¿Cuándo es el siguiente vuelo?

꾸안도	에쓰	엘	씨기엔떼	부엘로
언제	~이다		다음	비행기

문장으로 말해보자.
공항·기내에서 꼭 필요한 문장 & 표현

얼마나 대기해요?

¿Cuánto tiempo tengo que esperar?

꾸안또	띠엠뽀	뗑고	께	에스뻬라르
얼마나	시간	해야 한다		기다리다

오래 기다렸어요.

He esperado mucho tiempo.

에	에스뻬라도	무초	띠엠뽀
나는	기다렸다	많은	시간

업그레이드 부탁드려요.

Hágame un ascenso gratis de clase.

아가메	운	아쎈쏘	그라띠스	데	꼴라쎄
나에게 해주세요		높임	무료의	~의	클래스

환승

밖에 나갈 수 있나요?

¿Puedo salir fuera?

뿌에도	살리르	푸에라
할 수 있다	나가다	밖으로

환승 비행기는 어디서 타나요?

¿Dónde puedo tomar el vuelo de conexión?

돈데	뿌에도	또마르	엘	부엘로	데	꼬넥씨온
어디서	할 수 있다	타다		비행기	~의	연결

수하물 찾기

카트 어디 있어요?

¿Dónde está el carro de equipaje?

돈데	에스따	엘	까로	데	에끼빠헤
어디	~있다	카트		~의	수하물

수하물 어디서 찾아요?

¿Dónde puedo recoger mi equipaje?

돈데	뿌에도	레꼬헤르	미	에끼빠헤
어디	할 수 있다	모으다	나의	수하물

이 캐리어 제 거예요.

Esta maleta es mía.

에스따	말레따	에쓰	미아
이것	캐리어	~이다	내 것

25

스페인어로
살아남기

문장으로 말해보자.
공항·기내에서 꼭 필요한 문장 & 표현

분실

제 짐을 분실했어요.

He perdido mi equipaje.

에	뻬르디도	미	에끼빠헤
	잃어버렸다	나의	수화물

출구 찾기

출구 어디예요?

¿Dónde está la salida?

돈데	에스따	라	쌀리다
어디	~있다		출구

환전

환전하는 곳 어디예요?

¿Dónde hay una casa de cambio?

돈데	아이	우나	까싸	데	깜비오
어디	있다	집		~의	환전

MP3_03

<u>교통편 문의</u>

택시 어디서 타요?

¿ Dónde tomo un taxi?

돈데	또모	운	딱씨
어디서	타다		택시

시내로 가는 셔틀버스 어디서 타요?

¿ Dónde tomo el autobús de enlace al centro?

돈데	또모	엘	아우또부스	데	엔라쎄	알	쎈뜨로
어디서	타다	버스		~의	연결		도시로 가는

<u>편의시설 문의</u>

어디서 휴대폰 충전할 수 있나요?

¿ Dónde puedo cargar mi (teléfono) móvil?

돈데	뿌에도	까르갈	미	뗄레포노	모빌
어디서	할 수 있다	충전하다	나의		휴대폰

어디서 인터넷 할 수 있나요?

¿ Dónde puedo usar Internet?

돈데	뿌에도	우싸르	인떼르넷
어디서	할 수 있다	사용하다	인터넷

27

문장으로 말해보자.
공항·기내에서 꼭 필요한 문장 & 표현

현금 지급기 어디 있어요?

¿Dónde hay un cajero automático?

돈데	아이	운	까헤로	오또마띠꼬
어디	있다		현금지급기	

전화 좀 쓸 수 있을까요?

¿Puedo hacer una llamada, por favor?

뿌에도	아쎌	우나	야마다	뽀르 파보르
할 수 있다	하다	전화		부탁합니다

약국 어디 있어요?

¿Dónde está la farmacia?

돈데	에스따 라	파르마씨아
어디	~있다 약국	

흡연 구역

흡연 구역 어디 있어요?

¿Dónde está el área de fumadores?

돈데	에스따	엘	아레아	데	푸마도레스
어디	~있다	지역	~의	흡연자들	

MP3_04

라이터 있으세요?

¿Tienes un encendedor?

띠에네스　운　엔쎈데도르

가지다　라이터

[기내]

<u>좌석 문의</u>

여기 제 자리예요.

Este es mi asiento.

에스떼　에쓰　미　아씨엔또

이거　~이다 나의　자리

비상구 자리에 앉아도 되나요?

¿Puedo sentarme el asiento de salida de emergencia?

뿌에도　쎈따르메　엘　아씨엔또　데　쌀리다　데　에메르헨씨아

할 수 있다　앉다　~에　자리　~의　출구　~의　비상

제 자리 치지 마세요.

No dé golpes a mi asiento.

노　데　골뻬스　아　미　아씨엔또

~가 아닌 주다　때림　~로 나의　자리

문장으로 말해보자.

공항·기내에서 꼭 필요한 문장 & 표현

기내식 주문

식사는 언제 나오나요?

¿Cuándo me traen la comida?

꾸안도	메	뜨라엔	라	꼬미다
언제	나에게 가져다주다			식사

식사는 무엇인가요?

¿Qué tiene de comer?

께	띠에네	데	꼬메르
무엇	가지다	~할	먹다

저는 치킨으로 할게요.

Deme un pollo, por favor.

데메	운	뽀요	뽀르 파보르
나에게 주세요	치킨		부탁합니다

식사 나중에 할게요.

Comeré más tarde.

꼬메레	마쓰	따르데
먹을 것이다	더	늦게

30

MP3_05

저 아직 배고파요.

Todavía tengo hambre.

또다비아	뗑고	암브레
아직도	가지다	배고픔

식사 남는 거 있나요?

¿Tiene algo más de comida?

띠에네	알고	마쓰	데	꼬미다
가지다	어떤 것	더	~의	음식

음료 요청

마실 것 뭐 있어요?

¿Qué hay para beber?

께	아이	빠라	베베르
무엇	있다	~를 위한	마시다

물 좀 주세요.

Deme agua, por favor.

데메	아구아	뽀르 파보르
나에게 주세요	물	부탁합니다

문장으로 말해보자.
공항·기내에서 꼭 필요한 문장 & 표현

오렌지 주스 좀 주세요.

Deme zumo de naranja, por favor.

데메	쑤모	데	나랑하	뽀르 파보르
나에게 주세요	주스	~의	오렌지	부탁합니다

차 한 잔 좀 주세요.

Deme una taza de té, por favor.

데메	우나	따싸	데	떼	뽀르 파보르
나에게 주세요	한 잔		~의	차	부탁합니다

콜라 좀 주세요.

Deme una Coca-Cola, por favor.

데메	우나	꼬까 꼴라	뽀르 파보르
나에게 주세요	코카 콜라		부탁합니다

커피 좀 주세요.

Deme un café, por favor.

데메	운	카페	뽀르 파보르
나에게 주세요	커피		부탁합니다

맥주 좀 주세요.

Deme una cerveza, por favor.

데메	우나	쎄르베싸	뽀르 파보르
나에게 주세요		맥주	부탁합니다

화이트 와인 한 잔 좀 주세요.

Deme una copa de vino blanco, por favor.

데메	우나	꼬빠	데	비노	블랑꼬	뽀르 파보르
나에게 주세요		한잔	~의	와인	화이트	부탁합니다

레드 와인 한 잔 좀 주세요.

Deme una copa de vino tinto, por favor.

데메	우나	꼬빠	데	비노	띤또	뽀르 파보르
나에게 주세요		한잔	~의	와인	레드	부탁합니다

간식 요청

간식거리 좀 있나요?

¿Tiene algo de aperitivo?

띠에네	알고	데	아뻬리띠보
가지다	어떤 것	~의	간식

33

문장으로 말해보자.

공항·기내에서 꼭 필요한 문장 & 표현

단 간식거리 있나요?

¿Tiene un aperitivo dulce?

띠에네	운	아뻬리띠보	둘쎄
가지다		간식	단

와이파이 문의

와이파이 되나요?

¿Tienen wifi?

띠에넨	위피
가지다	와이파이

기내 면세품 구입

기내 면세품 좀 보여주세요.

Muéstreme los productos libres de impuestos,

무에스뜨레메	로스	쁘로둑또스	리브레스	데	임뿌에스또스
나에게 보여주세요	물건들		무료의	～의	세금

por favor.

뽀르 파보르

부탁합니다

신용카드 되나요?

¿Acepta tarjeta de crédito?

아쎕따	따르헤따	데	끄레디또
받아들이다	카드	~의	신용

달러 되나요?

¿Acepta dólares?

아쎕따	돌라레쓰
받아들이다	달러

입국/세관 신고서 작성

펜 좀 빌려주세요.

Présteme un bolígrafo, por favor.

쁘레스떼메	운	볼리그라포	뽀르 파보르
나에게 건네주세요	펜		부탁합니다

입국 신고서 작성 좀 도와주세요.

Ayúdame a escribir mi tarjeta de inmigración, por favor.

아유다메	아	에스끄리비르	미	따르헤따	데	임미그라씨온	뽀르 파보르
나를 도와주세요	~를	쓰다	나의	카드	~의	이민	부탁합니다

문장으로 말해보자.
공항·기내에서 꼭 필요한 문장 & 표현

이거 작성하는 것 좀 도와주세요.

Ayúdame a rellenar esto, por favor.

아유다메	아	레예나르	에스또	뽀르 파보르
나를 도와주세요		채우다	이것	부탁합니다

세관 신고서 한 장 더 주세요.

Deme un formulario de aduana más, por favor.

데메	운	포르물라리오	데	아두아나	마쓰	뽀르 파보르
나에게 주세요	양식		~의	세관	하나 더	부탁합니다

불편사항 문의

다른 ~로 바꿔 주세요.

Tráigame otro ~, por favor.

뜨라이가메	오뜨로	뽀르 파보르
나에게 가져다주세요	다른~	부탁합니다

제 안전벨트가 너무 헐렁해요.

Mi cinturón de seguridad está demasiado flojo.

미	씬뚜론	데	쎄구리닫	에스따	데마씨아도	플로호
나의	벨트	~의	안전	~이다	지나치게	헐렁한

불 어떻게 켜요?

¿Cómo enciendo la luz?

꼬모	엔씨엔도	라	루쓰
어떻게	켜다	불	

물품 요청

담요 하나 더 주세요.

Deme una manta más, por favor.

데메	우나	만따	마쓰	뽀르 파보르
나에게 주세요	담요 하나		더	부탁합니다

베개 하나 더 주세요.

Deme una almohada más, por favor.

데메	우나	알모아다	마쓰	뽀르 파보르
나에게 주세요	베개 하나		더	부탁합니다

한국 신문 있어요?

¿Tiene un periódico coreano?

띠에네	운	뻬리오디꼬	꼬레아노
가지다	신문		한국의

37

문장으로 말해보자.
공항·기내에서 꼭 필요한 문장 & 표현

MP3_09

의료 상황

저 아파요.

Estoy enfermo/a. (남성 –o/여성 –a)

에스또이   엔페르모/마

나는~이다   아프다

두통약 있나요?

¿Tienen pastillas para el dolor de cabeza?

띠에넨   빠스띠야스   빠라   엘   돌로르   데   까베싸

가지다   약   ~를 위한   통증   ~의   머리

복통약 있나요?

¿Tienen pastillas para el dolor de estómago?

띠에넨   빠스띠야스   빠라   엘   돌로르   데   에스또마고

가지다   약   ~를 위한   통증   ~의   위

저 멀미 나요.

Tengo mareos.

뗑고   마레오스

가지다   멀미

알아 두면 좋은
핵심 어휘

출발	salida 쌀리다
환전소	casa de cambio 까싸 데 깜비오
입국 심사	inmigración 임미그라씨온
외국인	extranjero 엑스뜨랑헤로
지문	huella digital 우에야 디히딸
탑승권	tarjeta de embarque 따르헤따 데 엠바르께
체크인	facturación 팍뚜라씨온
보안 검색	control de seguridad 꼰뜨롤 데 쎄구리닫
기내 반입 가능한 가방	equipaje de mano 에끼빠헤 데 마노
출입국 심사 탑승 수속 카운터	monstrador de facturación 모스뜨라도르 데 팍뚜라씨온
창가 자리	asiento en la ventana 아씨엔또 엔 라 벤따나
복도 자리	asiento en el pasillo 아씨엔또 엔 엘 빠씨요
구명 조끼	chaleco salvavidas 찰레꼬 쌀바비다스
비상구	salida de emergencia 쌀리다 데 에메르헨씨아
스톱오버	escala 에스깔라
환승	transbordo 뜨란스보르도
도착	llegada 예가다
수하물 찾는 곳	recogida de equipaje 레꼬히다 데 에끼빠헤
카트	carro para equipaje 까로 빠라 에끼빠헤
세관	aduana 아두아나
면세점	tienda libre de impuestos 띠엔다 리브레 데 임뿌에스또스
여행 안내소	información turística 인포르마씨온 뚜리스띠까

알아 두면 좋은
핵심 어휘

제일 가까운	más cercano 마쓰 쎄르까노
셔틀 버스	autobús de enlace 아우또부스 데 엔라쎄
현금 지급기	cajero automático 까헤로 아우또마띠꼬
안전 벨트	cinturón de seguridad 씬뚜론 데 쎄구리닫
스크린	pantalla 빤따야
리모콘	mando a distancia 만도 아 디스딴씨아
신문	periódico 뻬리오디꼬
헤드폰	auriculares 아우리꿀라레스
안대	antifaz para dormir 안띠파스 빠라 도르미르
베개	almohada 알모아다
슬리퍼	zapatillas 싸빠띠야스
아기 침대	cuna 꾸나
기내 면세품	productos libres de impuestos 쁘로둑또스 리브레스 데 임뿌에스또스
음료	bebida 베비다
물	agua 아구아
오렌지 주스	zumo de naranja 쑤모 데 나랑하
맥주	cerveza 쎄르베싸
화이트 와인	vino blanco 비노 블랑꼬
레드 와인	vino tinto 비노 띤또
간식	aperitivo 아뻬리띠보
식사	comida 꼬미다
스테이크	filete 필레떼
치킨	pollo 뽀요

알아 두면 좋은 핵심 어휘

두통	dolor de cabeza 돌로르 데 까베싸
아픈	enfermo 엔페르모
비행 멀미	mareo en el avión 마레오 엔 엘 아비온
입국 신고서	tarjeta de inmigración 따르헤따 데 임미그라씨온
병원	hospital 오스삐딸
응급실	sala de emergencia 쌀라 데 에메르헨씨아
가지다	tener 떼네르
소화가 안 되다	(tener) indigestión 인디헤스띠온
기침이 심하다	(tener) mucha tos 무차 또스
설사를 하다	(tener) diarrea 디아레아
허리가 아프다	(tener) dolor de espalda 돌로르 데 에스빨다
배가 아프다	(tener) dolor de estómago 돌로르 데 에스또마고
두통이 있다	(tener) dolor de cabeza 돌로르 데 까베싸
토할 것 같다	(tener) ganas de vomitar 가나스 데 보미따르
열이 나다	(tener) fiebre 피에브레
어지럽다	marearse 마레아르쎄
피가 나다	sangrar 쌍그라르

숙소

호텔·게스트하우스 바우처

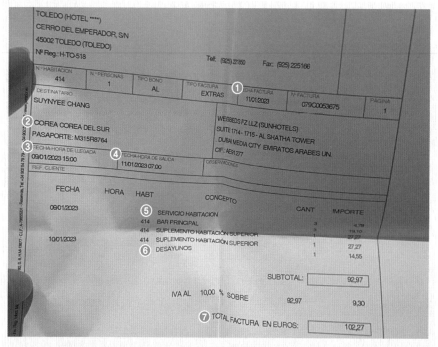

❶ **Fecha factura** [페차 빡뚜라] 송장 날짜 *fecha 날짜, factura 송장

❷ **Corea del Sur** [꼬레아 델 쑤르] 대한민국

❸ **Hora de llegada** [오라 데 예가다] 도착 시간 *hora 시간, de ~의, llegada 도착

❹ **Hora de salida** [오라 데 쌀리다] 출발 시간 *salida 출발/출구

❺ **Habitación** [아비따씨온] 방

❻ **Desayuno** [데싸유노] 아침식사

❼ **Total factura en euros** [또딸 빡뚜라 엔 에우로스] 총 송장 유로 *total 총, factura 송장, en ~로, euro 유로

Tip!

종이로 문서를 다 출력해서 유럽여행을 했던 과거와는 달리 이제는 대부분의 문서를 휴대폰에 사진으로 저장하여 필요할 때 보여주면 된다. 휴대폰을 분실할 것에 대비해 당근마켓에서 5만원 주고 중고 휴대폰을 샀는데 구글맵 검색이나 사진 촬영 등에 매우 유용하게 사용했다. 혼자 여행하는 사람들에게 추천!

① ROOM/HABITACIÓN: 12.

② BED/CAMA: 2 lower.

- **WIFI:** haveaniceday

③ Breakfast / *Desayuno:* 7:30 to 10:30 am
Check out : *12 pm*

A suggestion, visit our **Rooftop bar,**
the best place to end the day.

④ *Una sugerencia, visita nuestro **Rooftop Bar,***
⑤ *es el sitio perfecto para acabar el día.*

❶ **Habitación** [아비따씨온] 방

❷ **Cama** [까마] 침대

❸ **Desayuno** [데싸유노] 아침식사

❹ **Una sugerencia, visita nuestro**
~ [우나 쑤헤렌씨아 비씨따 누에스뜨
로] 제안, 우리의 ~를 방문하세요. *una
sugerencia 제안, visitar 방문하다, nuestro
우리의

❺ **El sitio perfecto para acabar
el día** [엘 씨띠오 페르뻭또 빠라 아까바
르 엘 디아] 하루를 마무리하기에 완벽한
장소 *el sitio 장소, perfecto 완벽한, para
~를 위한, acabar 끝내다, el día 하루

❶ **Red wifi** [레드 와이피] 와이파이 네크워크

❷ **Contraseña de redes wifi** [꼰뜨
라쎄냐 데 레데스 위피] 와이파이 네트워
크의 비밀번호 *contraseña 비밀번호, de
~의, redes 네트워크, wifi 와이파이

🅣🅘🅟🅟!

호스텔에는 대부분 저녁에 파티와 오전에 워킹투어가 있으니 다양한 외국인 친구들과 어울리고 싶다면 미리 신청하도록 하자.

디지털 노마드를 희망한다면 에어비앤비 예약 전 호스트에게 와이파이 속도를 사진이나 영상으로 찍어 미리 보내 달라고 요청
하자. 전 세계를 돌아다니며 한 도시 한 달 살기를 하는 외국인 친구에게 얻은 팁.

문장으로 말해보자.
숙소에서 꼭 필요한 문장 & 표현

호텔 · 아파트

예약

예약 안 했어요.

No tengo reserva.

노　　　뗑고　　　　레쎄르바

~가 아닌　가지다　　　예약

빈 방 있나요?

¿Hay una habitación disponible?

아이　　우나　　아비따씨온　　　디쓰뽀니블레

있다　　　방　　　　　　　이용할 수 있는

방 하나 예약하고 싶어요.

Quiero reservar una habitación.

끼에로　　　레쎄르바르　　우나　　아비따씨온

원하다　　예약하다　　　　방

체크인

지금 체크인 할게요.

Voy a hacer el check-in ahora.

보이　아　아쎄르　엘　체크인　　아오라

~할 것이다　~하다　　체크인　　지금

44

Kelly 이름으로 예약했어요.

Tengo una reserva a nombre de Kelly.

뗑고	우나	레쎄르바	아	놈브레	데	켈리
가지다	예약			이름으로	~의	껠리

짐 맡길 수 있나요?

¿Puedo guardar mi equipaje, por favor?

뿌에도	구아다르	미	에끼빠헤	뽀르 파보르
할 수 있다	맡기다	나의	짐/수하물	부탁합니다

객실 문의

바다 전망인 방 주세요.

Quiero una habitación con vistas al mar.

끼에로	우나	아비따씨온	꼰	비스따스	알	마르
원하다	방		~와 함께	전망	바다쪽

전망 좋은 방으로 주세요.

Quiero una habitación con buenas vistas.

끼에로	우나	아비따씨온	꼰	부에나스	비스따스
원하다	방		~와 함께	좋은	전망

45

문장으로 말해보자.
숙소에서 꼭 필요한 문장 & 표현

방 업그레이드 하면 얼마예요?

¿ Cuánto cuesta mejorar de habitación?

꾸안또	꾸에쓰따	메호라르	데	아비따씨온
얼마나	비용이 들다	향상시키다	~의	방

<u>침대 문의</u>

싱글 침대로 주세요.

Una cama individual, por favor.

우나	까마	인디비두알	뿌르 파보르
침대		개인용의	부탁합니다

더블 침대로 주세요.

Una cama de matrimonio, por favor.

우나	까마	데	마뜨리모니오	뿌르 파보르
침대		~의	결혼/부부	부탁합니다

트윈 침대로 주세요.

Una cama gemela, por favor.

우나	까마	헤멜라	뿌르 파보르
침대		쌍둥이	부탁합니다

아기용 침대 있나요?

¿Tienen una cuna?

띠에넨   우나   꾸나

가지다   아기침대

픽업/교통편 문의

공항에서 픽업 가능한가요?

¿Me puede recoger en el aeropuerto?

메   뿌에데   레꼬헤르   엔   엘   아에로뿌에르또

나를   할 수 있다   데리러 오다   ~에서   공항

3시에 픽업하러 와 주세요.

Recójame a las tres, por favor.

레꼬하메   아   라스   뜨레스   뽀르 파보르

나를 데리러 오다   ~에   3시   부탁합니다

근처에 공항 가는 버스 있어요?

¿Hay algún autobús cerca que vaya al aeropuerto?

아이   알군   아우또부스   쎄르까   께   바야   알   아에로뿌에르또

있다   어떤   버스   근처에   ~하는   가다   공항으로

문장으로 말해보자.

숙소에서 꼭 필요한 문장 & 표현

셔틀버스 시간표 있나요?

¿ Hay un horario del autobús al aeropuerto?

아이	운	오라리오	델	아우또부쓰	알	아에로뿌에르또
있다		시간표	버스의			공항으로

공항에 내려 주세요.

Déjeme en el aeropuerto, por favor.

데헤메	엔	엘	아에로뿌에르또	뽀르 파보르
나를 놓다	~에		공항	부탁합니다

택시 좀 불러주세요.

Llame un taxi, por favor.

야메	운	딱씨	뽀르 파보르
부르다		택시	부탁합니다

<u>조식 문의</u>

조식은 얼마인가요?

¿ Cuánto cuesta el desayuno?

꾸안또	꾸에스따	엘	데싸유노
얼마나	비용이 들다		아침식사

조식은 몇 시인가요?

¿A qué hora es el desayuno?

아	께	오라	에쓰	엘	데싸유노
몇 시에			~이다		아침식사

조식은 어디서 먹어요?

¿Dónde puedo desayunar?

돈데	뿌에도	데싸유나르
어디서	할 수 있다	아침을 먹다

<u>편의시설 문의</u>

바는 어디 있나요?

¿Dónde está el bar?

돈데	에스따	엘	바르
어디	~있다		바

헬스장이 있나요?

¿Hay gimnasio aquí?

아이	힘나씨오	아끼
있다	헬스장	여기

49

문장으로 말해보자.

숙소에서 꼭 필요한 문장 & 표현

수영장은 몇 번 이용할 수 있나요?

¿Cuántas veces puedo usar la piscina?

꾸안따쓰　　베쎄쓰　　뿌에도　우싸르　라　　삐씨나

몇 번　　　　　할 수 있다　사용하다　수영장

<u>주변 관광지/맛집 문의</u>

이 지역은 무엇이 유명한가요?

¿Qué es lo más famoso de esta zona?

께　에쓰　로　마쓰　　파모쏘　데　에스따　쏘나

무엇　~이다　가장　유명한　~의　이　　지역

맛집 좀 추천해주세요.

Recomiéndame algún restaurante famoso.

레꼬미엔다메　　　　　알군　　레스따우란떼　　파모쏘

나에게 추천해 주세요　어떤　　식당　　　　유명한

근처에 ~ 있나요?

¿Hay ~ cerca de aquí?

아이　　~ 쎄르까　데　아끼

있다　　　근처　~의　여기

모닝콜 요청

6시에 모닝콜 해 주세요.

Me quiero despertar a las 6, por favor.

메	끼에로	데스뻬르따르	아	라쓰 쎄이스	뽀르 파보르
나	원하다	깨우다	~에	6시에	부탁합니다

모닝콜 연달아 두 번 해 주세요.

Lláme dos veces seguidas para despertarme, por favor.

야메	도쓰	베쎄스	쎄기다스	빠라	데스뻬르따르메	뽀르 파보르
전화하다	2 번		연달아	~하기 위해	나를 깨워 주세요	부탁합니다

룸 서비스

룸 서비스 시킬게요.

Quiero pedir el servicio de habitaciones.

끼에로	뻬디르	엘	쎄르비씨오	데	아비따씨오네스
원하다	주문하다		서비스	~의	방들

룸 서비스로 아침 갖다 주세요.

Tráigame el desayuno a la habitación.

뜨라이가메	엘	데싸유노	아 라	아비따씨온
나에게 가져다 주세요		아침식사	~로	방

문장으로 말해보자.
숙소에서 꼭 필요한 문장 & 표현

~ 갖다 주세요.

Tráigame ~ , por favor.

뜨라이가메 ~	뽀르 파보르
나에게 가져다 주세요	부탁합니다

추가 물품 요청

수건 더 주세요.

Tráigame más toallas, por favor.

뜨라이가메	마쓰	또아야스	뽀르 파보르
나에게 가져다 주세요	더	수건들	부탁합니다

베개 하나 더 주세요.

Tráigame una almohada más, por favor.

뜨라이가메	우나	알모아다	마쓰	뽀르 파보르
나에게 가져다 주세요	베개		더	부탁합니다

어린이용 칫솔 주세요.

Tráigame un cepillo de dientes para niños, por favor.

뜨라이가메	운	쎄삐요	데	디엔떼스	빠라	니뇨스	뽀르 파보르
나에게 가져다 주세요		칫솔			~을 위한	어린이들	부탁합니다

MP3_14

객실 부제 선날

와이파이가 안 돼요.

No funciona el wifi.

노 　　 푼씨오나 　　 엘 　　 위피

~가 아닌　작동하다　　　　와이파이

방에서 냄새가 나요.

Huele raro en mi habitación.

우엘레 　　 라로 　　 엔 　　 미 　　 아비따씨온

냄새가 나다　이상한　~에　나의　　　방

방 바꿔 주실 수 있나요?

¿Pueden cambiarme la habitación?

뿌에덴 　　　 깜비아르메 　　 라 　　 아비따씨온

할 수 있다　　나에게 바꿔주다　　　방

에어컨이 고장 났어요.

El aire acondicionado no funciona.

엘 　 아이레 　　 아꼰디씨오나도 　　　 노 　　 푼씨오나

에어컨 　　　　　　　~가 아닌　작동하다

53

숙소에서 꼭 필요한 문장 & 표현

금고가 안 열려요.

La caja fuerte no abre.

라	까하	푸에르떼	노	아브레
상자		강한	~가 아닌	열린

결제

하루에 얼마인가요?

¿Cuánto cuesta por día?

꾸안또	꾸에스따	뽀르	디아
얼마나	비용이 들다	~에	하루

요금이 더 나온 것 같은데요.

Creo que me han cobrado más de lo que se debe.

끄레오	께	메	안	꼬브라도	마쓰	데	로	께	쎄	데베
나는 믿는다		나에게		청구되다	~보다 더		~한 것			해야 하는

총 얼마인가요?

¿Cuánto cuesta en total?

꾸안또	꾸에스따	엔	또딸
얼마나	비용이 들다	전체로	

체크아웃

체크아웃 시간 언제인가요?

¿Cuándo tengo que hacer el check-out?

꾸안도	뗑고	께	아쎄르	엘	체크아웃
언제	해야 한다		~하다		체크아웃

체크아웃 할게요.

Voy a hacer check-out ahora.

보이	아	아쎄르	체크아웃	아오라
~할 것이다	~하다		체크아웃	지금

알아 두면 좋은 핵심 어휘

픽업하다	recoger 레꼬헤르
셔틀버스	autobús de enlace 아우또부스 데 엔라쎄
방	habitación 아비따씨온
산 전망	vistas a la montaña 비스따스 알 라 몬따냐
바다 전망	vistas al mar 비스따스 알 마르
싱글 침대	cama individual 까마 인디비두알
더블 침대	cama de matrimonio 까마 데 마뜨리모니오
트윈 침대	cama gemelas 까마 헤멜라스
조식	desayuno 데싸유노
방 키	llave de la habitación 야베 델 라 아비따시온
객실 용품	servicio del hotel 쎄르비씨오 델 오뗄
수건	toalla 또아야
드라이기	secador 쎄까도르
텔레비전	televisión 뗄레비씨온
에어컨	aire acondicionado 아이레 아꼰디씨오나도
고장이에요	no funciona 노 푼씨오나
인터넷	Internet 인떼르넷
모닝콜	servicio de despertador 쎄르비씨오 데 데스뻬르따도르
룸 서비스	servicio de habitaciones 쎄르비씨오 데 아비따씨오네스

알아 두면 좋은 핵심 어휘

세탁 서비스	servicio de lavandería	쎄르비씨오 데 라반데리아
금고	caja fuerte	까하 푸에르떼
헬스장	gimnasio	힘나씨오
수영장	piscina	삐씨나
방해하지 마세요	no molestar	노 몰레스따르
객실 정리 원합니다	arreglo de habitación	알레그로 데 아비따씨온
도미토리	dormitorio	도르미또리오
보증금	depósito	데뽀씨또
주소	dirección	디렉씨온
출발 시간	hora de salida	오라 데 쌀리다
도착 시간	hora de llegada	오라 데 예가다
와이파이 비밀번호	la contraseña del wifi	라 꼰뜨라쎄냐 델 위피
세탁기	lavadora	라바도라
파티	fiesta	피에스따
슈퍼마켓	supermercado	쑤뻬르메르까도
교회	iglesia	이글레씨아
핫플레이스	lugar famoso	루가르 파모쏘
고마워요	gracias	그라씨아스

스페인 여행 100배 즐기기

스페인 여행, 나에게 맞는 숙소는 어딜까?

	숙소유형	가격대	추천 연령대	추천 여행자	장점	단점	키워드
1.	게스트 하우스 (호스텔 도미토리)	3-5 만원↑	10- 30대	나는 에너지가 넘치는 젊은이, 잠만 자고 돌아다녀!	전 세계 친구들을 사귈 수 있음. 정보교류 원활.	시끄러워 편하게 자기 쉽지 않음. 화장실 공유.	전 세계 친구 사귀기
2.	한인 민박	4-6 만원↑	20- 60대↑	한식 러버, 편하게 한국인들과 어울리는 게 좋아.	한식과 따뜻한 잠자리. 정보교류 원활.	외국까지 와서 굳이 한국인과?	고향의 맛
3.	에어 비앤비	5-10 만원↑	20- 60대↑	현지인과 소통 좋아! 하지만 잠은 혼자 자고 싶어.	독방임에도 호텔보다 저렴함.	때로는 코 골고 부부 싸움하는 호스트도 감수해야 함. 부엌 사용이 마냥 편하지는 않음.	현지인 숙소 경험
4.	아파트	7-10만 원↑	30- 60대↑	나는 요리하는 게 좋아. 또는 장기 여행자(스페인은 식료품 물가가 저렴). 가족 단위	단연코 집처럼 요리해 먹을 수 있는 것이 최고의 장점.	보통 24시간 오픈이 아니라서 체크인, 체크아웃이 불편할 수 있음.	나는야 요리사
5.	호텔	8-15만 ↑	30- 60대↑	적막해도 편하게 쉬는 게 좋아.	호캉스, 룸서비스 등 가장 편하게 쉴 수 있음.	외부와의 단절, 숙소에 들어오는 순간 현지 여행은 끝난다.	편한 휴식

각 숙소별 꿀정보 정리

게스트하우스(호스텔 도미토리)

- 드라이기가 없고 수건 대여가 유료인 곳이 꽤 있으니 미니 드라이기와 개인 수건 최소 1개는 가져갈 것을 권장한다.
- 같은 방에 잤던 미국인 룸메이트가 밤새 코를 골아 푹 자지 못했다. 잠이 예민한 사람이면 이어플러그를 챙기자.
- 여자 혼자 가는 경우 절대적으로 숙소 위치가 중요하다. 택시비 절약과 안전한 치안을 위해 번화가 근처 숙소를 추천한다.

아침마다 든든하게 먹은 호스텔 조식.
하몽, 과일, 빵, 치즈, 요거트, 오렌지 주스, 커피 등을 포함하여 4.5유로(한화 약 6천원)

유명한 광장 근처에 숙소를 잡는 것이 좋다. 치안도 좋고 근처에 맛집들이 즐비해 걸어갈 수 있다. 조식을 먹었던 마드리드 솔(Sol)광장 앞 24시간 오픈하는 츄러스 맛집 San Gin⊠s.

미국인 룸메이트가 추천해 준 독특한 분위기의 Inclan Brutal Bar. 현지 가수의 무대가 인상적이었다.

바르셀로나 출신 룸메이트가 소개해준 맛집에 독일인 친구와 갔다. 전 세계 친구들과의 소통은 호스텔의 큰 장점!

한인민박

- 유럽 국가들은 한국만큼 난방시설이 잘 되어 있지 않아 특히 잘 때 추운데 한인 민박에는 전기장판이 제공된다.
- 보통 조식으로 한식이 포함되어 있다. '나는 무조건 한 번씩 한식을 먹어야 한다'는 한식파라면 한인민박을 추천한다.
- 외국에 나가면 한국인들이 얼마나 똑똑하고 철저한지 깨닫게 된다. 한국인들을 만나면 갑자기 메모장에 적을 게 많아진다. 사진까지 잘 찍어 주는 건 덤.

에어비앤비

- 에어비앤비는 리뷰만으로는 그 숙소의 단점을 제대로 알 수가 없다.
  - 바르셀로나에서는 건너 방에 자던 호스트가 밤새 코를 골아 잠을 제대로 잘 수 없었다.
  - 세고비아에서는 아름답고 멋진 노부부의 집에 머물렀는데 이틀 내내 거실에서 큰 소리가 들려 '부부싸움인가? 아니면 이게 스페인식 대화인가?' 내적 혼란에 빠졌다.
- 호스트와 함께 머무르는 경우 부엌 사용이 마냥 편하지는 않다.
- 문제가 있는 경우 호스트가 승인을 해줘야 환불을 받을 수 있다. 나의 경우 호스트의 코 고는 소리와 추위, 으스스한 분위기 등으로 호스트에게 환불을 부탁했지만 돌아오는 대답은 거절이었다. 나의 숙면이 더 중요했기에 눈물을 머금고 숙소를 옮겼다.
- 하지만 이 모든 것을 감수할 만큼 좋은 점은 호스트와의 소통! 특히 스페인어 연습을 하고 싶다면 에어비앤비를 강력 추천한다.

낡은 외관과 달리 세련되고 멋스러운 스페인의 집 내부
피카소의 피가 흐르는 것일까? 어딜 가나 풍부한 색감과
디자인 감각이 인상적이다.

흡사 중세시대의 동화 속으로 들어온 느낌이 들었던 세비야의 에어비앤비 숙소

세고비아에서 첫날은 다락방 침대에 누워 음악 들으며 쉬었다. 집이 예쁘니 안에서 휴식하는 것도 여행!

에어비앤비에서 해먹었던 간편식 요리들

아파트

- 식료품이 저렴한 스페인에서 자유롭게 요리를 할 수 있는 것이 큰 장점이다.
- 리셉션 데스크 오픈시간이 대부분 8:00am-10:00pm이니 택시 예약은 리셉션 데스크에 미리 얘기할 것.
- 대부분의 호텔형 아파트 숙소에는 주차공간이 있다. 특히 대가족이라면 아파트가 편리하다.

Tip!

택시가 안 잡힐 때는 스페인의 카카오택시 격인 Cabify 또는 Freenow를 이용하자.

알함브라 궁전을 모티브로 한 그라나다의 아파트 숙소

아파트에 머무는 동안
매일 해 먹었던 집밥

호텔

• 스페인의 멋진 야경을 보고 싶다면 톨레도와 론다의 4성급 파라도르 호텔을 추천한다. 이보영, 지성 커플의 웨딩화보 촬영지로도 알려진 이곳은 오래된 고성을 개조하여 만들어져 멋스럽고 국영 호텔인 덕분에 비교적 저렴하다.

• 가격 차이가 크지 않으면 숙소는 무료 취소가 가능한 곳으로 예약하자. 특히 혼자 여행가는 경우 여행지에서의 선호도에 따라 일정을 변경할 수 있다.

Tip!

바르셀로나 벙커에서의 야경, 그라나다의 성 니콜라스 전망대에서 보는 알함브라 궁전 야경은 놓치지 말자.

알함브라 궁전의 야경
(알함브라는 아랍어로 '붉은 성'이라는 뜻)

궁전 위로 구름 떼와 붉은 태양이 떨어지는 풍광은 단연 최고의 절경이었다.

파라도르 호텔에서 본 톨레도 야경

중세시대의 모습이 고스란히 보존되어 있어 해 질 무렵의 구시가 풍경은 특히 낭만적이다.

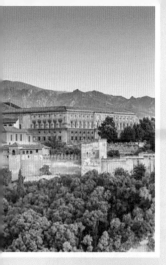

PART 2
이동수단

Kelly talk!

'여기가 스페인 맞나?' 생각이 들었던 그라나다.

과거 800년간 이슬람의 지배를 받았고, 현재까지도 다양한 문화가 혼재되어 있어 상당히 이국적인 느낌이 난다. 무엇을 하든 무엇을 입든 아무도 신경 쓰지 않는 자유로운 분위기의 도시에 흠뻑 빠져들었다. 여행은 내가 정해 놓고 정답이라고 여겼던 기준을 깨부수는 데 기여한다. 동태눈을 하고 '인생이 다 그렇지 뭐' 하던 이에게는 다시금 세상에 대한 호기심을 갖게 해준다. 다양성을 온몸으로 체험할 수 있는 도시, 그라나다가 나에게는 그런 곳이었다.

도로·길묻기

도로 표지판에 적힌 스페인어 표현

❶ **Estación de Atocha** [에스따씨온 데 아토차] 아토차 역 *estación 역

❷ **Museo del Prado** [무쎄오 델 프라도] 프라도 미술관 *museo 미술관

❸ **Plaza de las Cortes** [플라싸 데 라스 꼬르떼스] 코르테스 광장

❶ **Preferencia peatonal** [쁘레페렌씨아 뻬아또날] 보행자 우선 *preferencia 우선, 선호, peatonal 보행자

❷ **Te quiero** [떼 끼에로] 너를 사랑해 *te 너를, quiero 사랑해

❶ **Transporte público de Madrid** [뜨란스뽀르떼 뿌블리꼬 데 마드릳] 마드리드의 대중교통 *transporte público 대중교통

PUNTO DE INFORMACIÓN TURÍSTICA
TOURIST INFORMATION OFFICE

❶ **Punto de información turística** [뿐또 데 인포르마씨온 뚜리스띠까] 관광 안내소 *punto 장소, información 정보, turística 관광의

❶ Es obligatorio seguir todas las normas de seguridad [에쓰 오블리가또리오 쎄기르 또다쓰 라쓰 노르마쓰 데 쎄구리닫] 모든 안전 규정을 준수해야합니다. *es ~이다, obligatorio 의무적인, seguir 따르다, todas 모든, las normas de seguridad 안전규정

❷ Prohibido el paso a toda persona ajena a la obra [쁘로이비도 엘 빠쏘 아 또다 뻬르쏘나 아헤나 아 라 오브라] 공사 관계자외 출입금지 *prohibido 금지된, el paso 걸음, a ~에게, toda persona 모든 사람, ajena a ~와 무관한, la obra 공사 (현장)

❶ Zona de estacionamiento reservado exclusivo residentes [쏘나 데 에스따씨오나미엔또 레쎄르바도 엑스클루씨보 레씨던떼스] 주민 전용 주차 구역 *zona 구역, estacionamiento 주차, reservado 예약된, exclusivo 독점적인, residentes 주민

❷ Lunes a sábados de : 10 a 20h [루네스 아 싸바도쓰 데 디에즈 아 베인떼] 월요일부터 토요일까지는 오전 10시부터 오후 8시까지 *lunes 월요일, a~ 까지, sábado 토요일

❸ Domingos y festivos de : 10 a 14h [도밍고쓰 이 페스띠보쓰 데 디에즈 아 까또르세] 일요일과 공휴일은 오전 10시부터 오후 2시까지 *domingo 일요일, y 그리고, festivo 공휴일

❹ Zona verde [쏘나 베르데] 녹지대 *zona 구역, verde 녹색의

도로·길물기

❶ más Ronda más Sur [마쓰 론다 마쓰 쑤르] 더 론다쪽, 더 남쪽 *más 더, 대단히, Sur 남쪽의

❶ Salida de vehículos [쌀리다 데 베이꿀로쓰] 차량 출발 *salida 출발, vehículo 차량

❷ Licencia Municipal [리쎈씨아 무니씨빨] 시 면허 *licencia 면허/허가, municipal 시의

❸ Vado permanente 주차 금지 [바도 뻬르마넨떼] *vado 차량 출입구, permanente 영구적인

❹ No aparcar enfrente avisamos grúa [노 아빠르까르 엔쁘렌떼 아비싸모쓰 그루아] 주차 금지, 견인함 *aparcar 주차하다, enfrente 앞에, avisar 경고하다, grúa 크레인

스페인 꿀팁

❶ Reservado minusválidos [레쎄 르바도 미누스발리도쓰] 장애인을 위한 자리 *reservado 예약된, minusválido 장애가 있는

❶ Atención barrera [아뗀씨온 바레라] 장벽 주의 *atención 주의, barrera 장벽

❷ Prohibida la entrada [쁘로이비다 라 엔뜨라다] 출입 금지 *prohibida 금지된, la entrada 출입

❶ ¡ Atención! Zona de obras [아뗀 씨온 쏘나 데 오브라스] 주의! 작업구역임 * ¡ Atención! 주의/집중, zona 구역, obra 작업

---

❶ 자전거나 세그웨이 대여 인프라가 우수한 스페인. 특히 자전거 도로가 잘 되어 있고, 세비치(Sevici)라는 따릉이가 있는 세비 야에서 자전거를 타기가 좋다. 어플로 회원가입을 한 후 동네 구석구석을 쌩쌩 달려보자. 가격은 첫 30분은 무료, 이후에는 시간당 약 1~2유로이다.

도로·길묻기

❶ **Se ruega No Fumar** [쎄 루에가 노 푸마르] 금연 *se rogar 부탁하다, fumar 담배 피다

❶ **Bombardero** [봄바르데로] 폭격기

❶ **Trabajamos para mejorar Granada** [뜨라바하모스 빠라 메호라르 그라나다] 우리는 그라나다를 개선하기 위해 일합니다. *trabajar 일하다, para ~하기 위해, mejorar 개선시키다

❷ **Disculpen las molestias** [디스꿀뻰 라스 몰레스띠아스] 불편을 끼쳐 죄송합니다. *disculpar 불편을 끼치다, la molestia 번거로움

❶ **Acceso solo personal autorizado** [악쎄쏘 쏠로 뻬르쏘나르 아우또리싸도] 관계자외 출입금지 *acceso 접근, solo 오직, autorizado 허가를 받은

추천 스페인 상식

솔(Sol)은 스페인어로 태양이란 뜻이다. 솔 광장은 스페인 전체는 물론 수도 마드리드의 최고 중심지이고 그 증거는 광장 내에 새겨진 '제로 킬로미터(Zero Kilometer)' 동판에 있다. 솔 광장이 스페인 도로 표식의 기준점이란 의미. 가령 운전 중 스페인 도로에서 300㎞란 숫자를 만날 경우 마드리드까지 300㎞라는 의미다. 고대 로마 스타일의 '모든 길은 로마로 통한다'에 맞춘 중앙집권식 표식판으로 모든 길은 마드리드 솔 광장으로 통하는 셈이다.

❶ PUNTO DE RECICLAJE

❷ Estación de Autobuses

❸ Papel y cartón ❹ Plásticos y envases metálicos ❺ Vidrio

❶ **Punto de reciclaje** [뿐또 데 레씨끌라헤] 재활용 하는 곳 *reciclaje 재활용

❷ **Estación de autobúses** [에스따씨온 데 아우또부쎄스] 버스 정류장 *estación 정류장

❸ **Papel y cartón** [빠뻴 이 까르똔] 종이와 판지 *cartón 판지

❹ **Plásticos y envases metálicos** [쁠라스띠꼬쓰 이 엔바쎄쓰 메딸리꼬쓰] 플라스틱과 금속 용기 *envase 용기, metálico 금속의

❺ **Vidrio** [비드리오] 유리

❶ **Rompase en caso de incendio** [롬빠세 엔 까쏘 데 인쎈디오] 화재시 부수세요. *romper 부수다, en caso de ∼의 경우에, incendio 화재

❶ **Lavado rápido** [라바도 라삐도] 빠른 세차 *lavado 세척, rápido 빠른

71

문장으로 말해보자.
도로·길에서 꼭 필요한 문장 & 표현

여기 어디 있어요?

¿Dónde está este lugar?

돈데	에스따	에스떼	루가르
어디	~있다	이~	장소

횡단보도 어디 있어요?

¿Dónde está el paso de peatones?

돈데	에스따	엘	빠쏘	데	뻬아또네쓰
어디	~있다				횡단보도

여기 어떻게 가요?

¿Cómo voy a este lugar?

꼬모	보이	아	에쓰떼	루가르
어떻게	가다	~로	이~	장소

이 주소로 어떻게 가요?

¿Cómo voy a esta dirección?

꼬모	보이	아	에스따	디렉씨온
어떻게	가다	~로	이~	주소

72

횡단보도로 어떻게 가요?

¿Cómo voy al paso de peatones?

꼬모	보이	알	빠쏘	데	뻬아또네쓰
어떻게	가다				횡단보도로

여기까지 걸어갈 수 있어요?

¿Puedo ir caminando hasta aquí?

뿌에도	이르	까미난도	아스따	아끼
할 수 있다	가다	걸으면서	~~까지	여기

이 호텔까지 걸어갈 수 있어요?

¿Puedo ir caminando hasta este hotel?

뿌에도	이르	까미난도	아스따	에스떼	오뗄
할 수 있다	가다	걸으면서	~까지	이	호텔

버스 정류장/택시 정류장 찾아야 돼요.

Tengo que encontrar una parada de autobús/taxi.

뗑고	께	엔꼰뜨라르	우나	빠라다	데	아우또부스/딱시
해야 한다		찾다		정거장	~의	버스/택시

문장으로 말해보자.
도로·길에서 꼭 필요한 문장 & 표현

MP3_17

지하철 역 찾아야 돼요.

Tengo que encontrar una estación de metro.

뗑고	께	엔꼰뜨라르	우나	에스따씨온	데	메뜨로
해야 한다		찾다		역	~의	지하철

걸으면 얼마나 걸려요?

¿Cuánto tiempo debo caminar?

꾸안또	띠엠뽀	데보	까미나르
얼마나	시간	해야 한다	걷다

뛰면 얼마나 걸려요?

¿Cuánto tiempo debo correr?

꾸안또	띠엠뽀	데보	꼬레르
얼마나	시간	해야 한다	뛰다

도와줘서 고마워요.

Gracias por su ayuda.

그라씨아쓰	뽀르	쑤	아유다
고맙다	~에	당신의	도움

당신 덕분에 살았어요.

Me salvó la vida.

메	쌀보	라	비다
나를	구했다	나의	생명

알아 두면 좋은 핵심 어휘

앞에 나온 문장 & 표현에 다음 어휘를 활용해 보자.

~어딨어요?	**dónde está** 돈데 에스따 ~?
주소	**dirección** 디렉씨온
지도	**mapa** 마빠
신호등	**semáforo** 쎄마포로
횡단보도	**paso de peatones** 빠쏘 데 뻬아또네쓰
교통 표지판	**señal de tráfico** 쎄냘 데 뜨라삐꼬
도로	**carril** 까릴
구역	**manzana** 만싸나
인도	**acera** 아쎄라
편의점	**tienda de 24 horas** 띠엔다 데 베인띠꾸아뜨로 오라스
흡연구역	**área de fumadores** 아레아 데 푸마도레스
공중화장실	**servicio** 쎄르비씨오
소매치기 당했어요.	**¡Me robaron!** 메 로바론!
저는 돈 없어요	**No tengo dinero** 노 뗑고 디네로
귀찮게 하지 마세요!	**¡No me molestes!** 노 메 몰레스떼씨!

버스·지하철·기차

거리에서 보이는 대중교통 관련 스페인어 표현

① Billete : 000008187511   ,00 Eu
Localizador: 47811
② Tarifa :   Bono Manual S

De: SEGOVIA ESTACIO
A: Madrid Moncloa
③ Linea: 603   MAD-SEG Directo

④ Fecha: 09-01-23   Hora: 10:1
⑤ Coche: 1   Asiento:
⑥ Precio IDA: O Eur.(S O.0 e IVA Incl.)

Bono M Seg
Viajero: ERROR MAQUINA 1

① **Billete** [비예떼] 표

② **Tarifa** [따리파] 요금

③ **Línea** [리니아] 열

④ **Fecha** [페차] 날짜

⑤ **Coche** [꼬체] 차

⑥ **Precio** [쁘레씨오] 가격

① **Metro** [메뜨로] 지하철

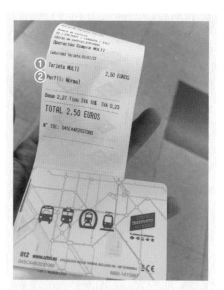

① **Tarjeta** [따르헤따] 카드

② **Perfil** [뻬르필] 프로필/개요

① **Madrid Puerta de Atocha** [마드리드 뿌에르따 데 아또차] 아토차 마드리드 문

- ❶ **Aviso importante** [아비쏘 임뽀르딴 떼] 중요한 공지 *aviso 공지

- ❷ **Por su seguridad y lo del resto de usuarios** [뽀르 수 쎄구리닫 이 로 델 레스또 데 우스와리오쓰] 당신의 안전 과 나머지 이용자들을 위해 *seguridad 안 전, lo del resto 나머지

- ❸ **El uso de mascarilla es obligatorio en el Transporte Público.** [엘 우쏘 데 마스까리야 에쓰 오블리가또리오 엔 엘 뜨란스뽀르떼 뿌 블리꼬] 대중교통에서는 마스크 사용이 필수입니다. *uso 사용, mascarilla 마스크, obligatorio 의무인

- ❶ **Andén** [안덴] 승강장

- ❶ **Horario de taquilla** [오라리오 데 따끼야] 매표소 시간 *taquilla 매표소

- ❷ **De Lunes a Viernes 06:15 a 23:15h** [데 루네쓰 아 비에르네쓰] 월요 일부터 금요일까지는 06:15부터 23:15까 지 *Lunes 월요일, Viernes 금요일

- ❸ **Sábados, Domingos y Festivos 07:30 a 23:00h** [싸바도쓰 도밍고쓰 이 페스띠보쓰] 토요일, 일요일, 그리고 공휴일은 07:30 부터 23:00까지 *sábado 토요일, Domingo 일요일, Festivo 공휴일

- ❶ **Viajeros** [비아헤로쓰] 여행자

- ❷ **Estandar** [에스딴다르] 표준

- ❸ **Gastos gestión** [가스또쓰 헤스띠 온] 관리비 *gasto 비용, gestión 관리

- ❹ **No aplica tasa** [노 아쁠리까 따싸] 수수료 없음 *aplicar 적용하다, tasa 비율, 요금

버스·지하철·기차

❷ ❶ ¡Prepara tus maletas!
Tu compra se ha realizado correctamente

Tu localizador es

XMUGPZ

❸ Puedes encontrar tus billetes dentro de la sección de **Mis Viajes**.

Ver mis billetes

❶ ¡ **Prepara tus maletas** ! [쁘레빠라 뚜쓰 말레따쓰] 가방을 챙기세요! *Preparar 준비하다, tus 당신의, maleta 가방

❷ **Tu compra se ha realizado correctamente** [뚜 꼼쁘라 쎄 아 레알리싸도 꼬렉따멘떼] 구매가 완료되었습니다. *tu 당신의, compra 구매, se 그것이, *realizar 수행하다, correctamente 제대로

❸ **Puedes encontrar tus billetes dentro de la sección de mis viajes**. [뿌에데스 엔꼰뜨라르 뚜스 비예떼스 덴뜨로 델 라 쎅씨온 데 미쓰 비아헤쓰] '나의 여행' 섹션에서 티켓을 찾을 수 있습니다. *poder 할 수 있다, encontrar 찾다, tus 당신의, billete 표, dentro de ~에서, la sección 섹션, mis 나의 viaje 여행

❶ Cuando viajas con Renfe cuidas el medio ambiente

Toledo ⏩ Madrid Pta. Atocha - Almu

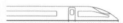

❶ **Cuando viajas con Renfe cuidas el medio ambiente**. [꾸안도 비아하쓰 꼰 렌페 꾸이다스 엘 메디오 암비엔떼] 렌페와 함께 여행할 때 당신은 환경을 돌봅니다. *cuando ~할 때, viajar 여행하다, cuidar 돌보다, el medio ambiente 환경

❷ **Emisiones de CO_2 por viajero** [에미씨오네쓰 데 쎄오도쓰 뽀르 비아헤로] 여행자별 CO_2 배출량 *emisión 배출, por ~당, viajero 여행자

❶ **Estación de autobúses** [에스따씨온 데 아우또부쎄쓰] 버스역 *estación 역, autobús 버스

❶ La estación [라 에스따씨온] 역

❷ Cafetería [까페떼리아] 카페

❶ Ascensor [아쎈쏠] 엘리베이터

❶ Plaza de Armas [쁠라싸 데 아르마
쓰] 아르마스 광장 *plaza 광장

❷ Centro comercial [쎈뜨로 꼬메씨
알] 쇼핑몰

버스·지하철·기차

❶ Aerobús [아에로부쓰] 에어버스 정기
여객선

❶ Sube y baja [쑤베 이 바하] 타고
내리세요. *subir 타다, **bajar** 내리다

❶ Prensa [쁘렌싸] 신문

❷ Regalos [레갈로스] 선물

❸ Golosinas [골로씨나쓰] 사탕

❹ La tienda de la estación [라 띠엔다
데 라 에스따씨온] 기차역의 가게

*la tienda 가게

❺ Revistas [레비스따쓰] 잡지

❻ Juguete [후게떼] 장난감

❼ Souvenir [쑤베니르] 기념품

추천 스페인 꿀팁

그라나다에는 구시가에 주요 명소가 모여 있어 걸어서 보기 좋지만 등산 수준의 언덕길을 오를 자신이 없다면 버스를 추천한다. 버스 요금이 현금으로는 1.4€ 인데 교통카드로는 0.44€ 에 불과하니 충전식 교통카드 이용을 추천한다. 인근 버스정류장에서 쉽게 구매가 가능하다. 5유로부터 충전 가능하고 탈 때 인원수를 말한 후 카드를 찍으면 된다.

❶ Seguridad prosegur [쎄구리닫 쁘로쎄구르] 안전 보장 *seguridad 보안, proseguir 계속되다

❶ Más gigas y minutos para llamar aquí y allí. [마쓰 기가쓰 이 미누또쓰 빠라 야마르 아끼 이 아이] 여기 저기 전화할 충분한 기가 제공 *llamar 전화하다, aquí 여기, allí 저기

❶ Patrimonio mundial [빼뜨로모니오 문디알] 세계 유산 *patrimonio 유산, mundial 세계

❷ Bievenidos a la estación de Málaga [비에베니도쓰 아 라 에스따씨온 데 말라가] 말라가 역에 온 걸 환영해 *bievenidos a ~에 온 걸 환영해

문장으로 말해보자.
버스·지하철·기차에서 꼭 필요한 문장 & 표현

버스 정류장 어디 있어요?

¿ Dónde está la parada de autobús?

돈데	에스따	라	빠라다	데	아우또부쓰
어디	~있다		정류장	~의	버스

가장 가까운 버스 정류장이 어디 있어요?

¿ Dónde está la parada de autobús más cercana?

돈데	에스따	라	빠라다	데	아우또부쓰	마쓰	쎄르까나
어디	~있다		정류장	~의	버스	가장	가까운

기차역 어디 있어요?

¿ Dónde está la estación de tren?

돈데	에스따	라	에스따씨온	데	뜨렌
어디	~있다		역	~의	기차

지하철역 어디 있어요?

¿ Dónde está la estación de metro?

돈데	에스따	라	에스따시온	데	메뜨로
어디	~있다		역	~의	지하철

지하철 매표소 어디 있어요?

¿Dónde está la taquilla de billetes?

돈데	에스따	라	따끼야	데	비예떼쓰
어디	~있다		매표소	~의	지하철

발권기 어디 있어요?

¿Dónde está la máquina de billetes?

돈데	에스따	라	마끼나	데	비예떼쓰
어디	~있다		기계	~의	표

분실물 센터가 어디 있어요?

¿Dónde está la oficina de objectos perdidos?

돈데	에스따	라	오피씨나	데	옵헤또스	뻬르디도쓰
어디	~있다		사무실	~의	물건	분실된

5번 승강장 어디 있어요?

¿Dónde está el andén 5?

돈데	에스따	엘	안덴	씽꼬
어디	~있다		승강장	5

문장으로 말해보자.
버스·지하철·기차에서 꼭 필요한 문장 & 표현

어디서 표 살 수 있어요?

¿Dónde puedo comprar el billete?

돈데	뿌에도	꼼쁘라르	엘	비예떼
어디서	할 수 있다	사다		표

어디서 3호선 탈 수 있어요?

¿Dónde puedo tomar la línea 3?

돈데	뿌에도	또마르	라	리네아 뜨레쓰
어디서	할 수 있다	타다		3호선

어디서 환승할 수 있어요?

¿Dónde puedo hacer transbordo?

돈데	뿌에도	아쎄르	뜨란스보르도
어디서	할 수 있다	~하다	환승

어디서 2호선으로 환승할 수 있어요?

¿Dónde puedo transferir a la línea 2?

돈데	뿌에도	뜨란스페리르	알	라	리네아 도쓰
어디서	할 수 있다	환승하다	~로		2호선

출발 시간을 바꿀 수 있어요?

¿Puedo cambiar mi horario de salida?

뿌에도	깜비아르	미	오라리오	데	쌀리다
할 수 있다	바꾸다	나의	시간	~의	출발

돌아오는 시간을 바꿀 수 있어요?

¿Puedo cambiar mi horario de vuelta?

뿌에도	깜비아르	미	오라리오	데	부엘따
할 수 있다	바꾸다	나의	시간	~의	귀환

이거 편도로 바꿀 수 있어요?

¿Puedo cambiar este billete por uno de ida?

뿌에도	깜비아르	에스떼	비예떼	뽀르	우노	데	이다
할 수 있다	바꾸다	이~	비예떼	~로	하나의	~의	가는 길

이거 왕복으로 바꿀 수 있어요?

¿Puedo cambiar este billete por uno de ida y vuelta?

뿌에도	깜비아르	에스떼	비예떼	뽀르	우노	데	이다	이	부엘따
할 수 있다	바꾸다	이~	표	~로	하나의	~의	가는 길	그리고	귀환

문장으로 말해보자.

버스·지하철·기차에서 꼭 필요한 문장 & 표현

노선도 하나 받을 수 있나요?

¿Puedo conseguir un plano del metro?

Puedo	conseguir	un	plano	del	metro
뿌에도	꼰쎄기르	운	쁠라노	델	메뜨로
할 수 있다	얻다		지도	~의	지하철

버스 정류장까지 걸어갈 수 있나요?

¿Puedo ir caminando hasta la parada de autobús?

Puedo	ir	caminando	hasta	la	parada	de	autobús
뿌에도	이르	까미난도	아스따	라	빠라다	데	아우또부쓰
할 수 있다	가다	걸어가는	~까지		정류장	~의	버스

잠깐 세워 주실 수 있나요?

¿Puedes parar un momento?

Puedes	parar	un	momento
뿌에데쓰	빠라르	운	모멘또
할 수 있다	멈추다		잠깐

내려야 할 때 알려주실 수 있나요?

¿Puedes decirme cuando tengo que bajarme?

Puedes	decirme	cuando	tengo	que	bajarme
뿌에데쓰	데씨르메	꾸안도	뗑고	께	바하르메
할 수 있다	나에게 말해주다	~할 때		해야 한다	내리다

이거 시내 가는 버스예요?

¿Es éste el autobús para el centro?

에쓰 에스떼 엘 아우또부쓰 빠라 엘 쎈뜨로

이거 버스 ~로 가는 도시

이거 공항가는 버스예요?

¿Es éste el autobús para el aeropuerto?

에쓰 에스떼 엘 아우또부쓰 빠라 엘 아에로뿌에르또

이거 버스 ~루 가는 공항

이거 지하철역 가는 버스예요?

¿Es éste el autobús para la estación de metro?

에쓰 에스떼 엘 아우또부쓰 빠라 라 에스따시온 데 메뜨로

이거 버스 ~로 가는 역 ~의 지하철

지하철역에 어떻게 가요?

¿Cómo voy a la estación de metro?

꼬모 보이 알 라 에스따씨온 데 메뜨로

어떻게 가다 ~로 역 ~의 지하철

문장으로 말해보자.

버스·지하철·기차에서 꼭 필요한 문장 & 표현

시내에 어떻게 가요?

¿Cómo voy al centro?

꼬모	보이	알	쎈뜨로
어떻게	가다		시내로

요금 얼마예요?

¿Cuánto es la tarifa?

꾸안또	에쓰	라	따리파
얼마	~이다		요금

버스 요금이 얼마예요?

¿Cuánto es la tarifa de autobús?

꾸안또	에쓰	라	따리파	데	아우또부쓰
얼마	~이다		요금	~의	버스

일일 승차권 얼마예요?

¿Cuánto cuesta el billete de un día?

꾸안또	꾸에스따	엘	비예떼	데	운	디아
얼마	비용이~들다		표	~의		하루

이 장소로 가는 표 얼마예요?

¿Cuánto es el billete para este lugar?

꾸안또	에쓰	엘	비예떼	빠라	에스떼	루가르
얼마	~이다		표	~로 가는	이~	장소

일반석은 얼마예요?

¿Cuánto cuesta un billete de clase económica?

꾸안또	꾸에스따	운	비예떼	데	끌라쎄	에꼬노미까
얼마	비용이~들다		표	~의		일반석

1등석은 얼마예요?

¿Cuánto cuesta un billete de primera clase?

꾸안또	꾸에스따	운	비예떼	데	쁘리메라	끌라쎄
얼마	비용이~들다		표	~의		1등석

얼마나 기다려요?

¿Cuánto tiempo tengo que esperar?

꾸안또	띠엠뽀	뗑고	께	에스뻬라르
얼마나	시간	해야 한다		기다리다

스페인어로 살아남기

문장으로 말해보자.

버스·지하철·기차에서 꼭 필요한 문장 & 표현

몇 정거장 가야 돼요?

¿Cuántas paradas tengo que pasar?

꾸안따쓰	빠라다쓰	뗑고	께	빠싸르
몇 개의	정류소	해야 한다		지나다

일일 승차권은 어떻게 써요?

¿Cómo se usa el billete de un día?

꼬모	쎄	우싸	엘	비예떼	데	운	디아
어떻게		사용하다		표	~의		하루

반대쪽으로 가려면 어떻게 가요?

¿Cómo llego al otro lado?

꼬모	예고	알	오뜨로	라도
어떻게	가다		다른	쪽

표를 분실했어요.

He perdido mi billete.

에	뻬르디도	미	비예떼
	분실했다	나의	표

가방을 분실했어요.

He perdido mi bolso.

에	뻬르디도	미	볼쏘
	분실했다	나의	가방

지갑을 분실했어요.

He perdido mi cartera.

에	뻬르디도	미	까르떼라
	분실했다	나의	지갑

열차 잘못 탔어요.

He tomado el tren equivocado.

에	또마도	엘	뜨렌	에끼보까도
	탔다		기차	잘못된

호선을 잘못 탔어요.

He tomado la línea equivocada.

에	또마도	라	리네아	에끼보까다
	탔다		호선	잘못된

버스·지하철·기차에서 꼭 필요한 문장 & 표현

제 표가 안 나와요.

No sale mi billete.

노	쌀레	미	비예떼
~가 아닌	나오다	나의	표

발권기가 안 돼요.

No funciona esta máquina de billetes.

노	푼씨오나	에스따	마끼나	데	비예떼스
~가 아닌	작동하다	이~	기계	~의	표

현금 없어요.

No tengo efectivo.

노	뗑고	에펙띠보
~가 아닌	가지다	현금

발권기 쓰는 것 좀 도와주세요.

Ayúdeme con la máquina de billetes, por favor.

아유데메	꼰	라	마끼나	데	비예떼쓰	뽀르 파보르
나를 도와주세요	~에 대해		기계	~의	표	부탁합니다

노선도 보는 것 좀 도와주세요.

Ayúdeme a buscar en este plano del metro, por favor.

아유데메	아	부스까르	엔	에스떼	쁠라노	델	메뜨로	뽀르 파보르
나를 도와주세요	~하는 것을	찾다	~에서	이~	지도	지하철의		부탁합니다

~로 가는 표 한 장이요.

Un billete a este lugar, por favor.

운	비예떼	아	에스떼	루가르	뽀르 파보르
1개	표	~로 가는	이~	장소	부탁합니다

~가는 표 왕복으로 한 장이요.

Un billete de ida y vuelta a ~ , por favor.

운	비예떼	데	이다	이	부엘따	아	뽀르 파보르
1개	표	~의	~로 가는	그리고	귀환	~로	부탁합니다

~가는 표 편도로 두장이요.

Dos billetes de ida a ~ , por favor.

도쓰	비예떼스	데	이다	아 ~	뽀르 파보르
2개	표	~의	~로 가는		부탁합니다

문장으로 말해보자.

버스·지하철·기차에서 꼭 필요한 문장 & 표현

일일 승차권이요.

Un billete de un día, por favor.

운	비예떼	데	운	디아	뽀르 파보르
1개	표	~의		하루	부탁합니다

일반석으로 주세요.

Deme un billete de clase económica, por favor.

데메	운	비예떼	데	끌라쎄	에꼬노미까	뽀르 파보르
나에게 주세요	1개	표	~의		일반석	부탁합니다

1등석으로 주세요.

Deme un billete de primera clase, por favor.

데메	운	비예떼	데	쁘리메라	끌라쎄	뽀르 파보르
나에게 주세요	1개	표	~의		일등석	부탁합니다

여기 가려면 몇호선 타요?

¿Qué línea tomo para llegar aquí?

께	리네아	또모	빠라	예가르	아끼
무슨	호선	타다	~하기 위해	도착하다	여기

여기 가려면 몇호선으로 환승해야 돼요?

¿A qué línea transfiero para llegar aquí?

아	께	리네아	뜨란스피에로	빠라	예가르	아끼
~로	무슨	호선	환승하다	~로 가는	도착하다	여기

여기로 가려면 환승해야 돼요?

¿Tengo que transbordar para ir a este lugar?

뗑고	께	뜨란스보르다르	빠라	이르	아	에스떼	루가르
해야 한다		환승하다	~하기 위해	가다	~로	이~	장소

저 ~가야 하는데 여기서 내리면 되나요?

Tengo que ir a ~ , ¿me bajo aquí?

뗑고	께	이르	아 ~	메	바호	아끼
해야 한다		가다	~로	내가	내리다	여기

지하철역 여기서 멀어요?

¿Está lejos de aquí la estación de metro?

에스따	레호쓰	데	아끼	라	에스따씨온	데	메뜨로
~이다	먼	~에서	여기		역	~의	지하철

95

문장으로 말해보자.

버스·지하철·기차에서 꼭 필요한 문장 & 표현

MP3_25

기차역 여기서 멀어요?

¿Está lejos de aquí la estación de tren?

에스따	레호쓰	데	아끼	라	에스따씨온	데	뜨렌
~이다	먼	~에서	여기		역	~의	기차

왜 기차가 연착됐나요?

¿Por qué se retrasó el tren?

뽀르	께	쎄	레뜨라쏘	엘	뜨렌
왜		연착되다		기차	

왜 버스가 안 오나요?

¿Por qué no viene el autobús?

뽀르	께	노	비에네	엘	아우또부쓰
왜		~가 아닌	오다		버스

이 노선 타면 여기 가나요?

¿Esta línea me lleva a este lugar?

에스따	리네아	메	예바	아	에스떼	루가르
이~	노선	나를 데려다 주다		~로	이~	장소

버스 정류장	parada de autobús 빠라다 데 아우또부쓰
버스 요금	tarifa de autobús 따리파 데 아우또부쓰
~행 버스	autobús para~ 아우또부쓰 빠라
~를 주세요	deme 데메 ~
일일승차권	billete de un día 비예떼 데 운 디아
벨	timbre 띰브레
세워주세요	pare 빠레
현금	efectivo 에펙띠보
신용카드	tarjeta de crédito 따르헤따 데 끄레디또
지하철역	estación de metro 에스따씨온 데 메뜨로
매표소	taquilla de billetes 따끼야 데 비예떼쓰
발권기	la máquina de billetes 라 마끼나 데 비예떼쓰
표	billete 비예떼
노선도	plano del metro 쁠라노 델 메뜨로
환승	transbordo 뜨란스보르도
분실물 센터	oficina de objectos perdidos 오피씨나 데 옵헤또스 뻬르디도스
기차역	estación de tren 에스따씨온 데 뜨렌
~로 가는 표	billete para 비예떼 빠라
노선	línea 리네아
일반석	clase económica 끌라쎄 에꼬노미까
일등석	primera clase 쁘리메라 끌라쎄
출발 시간	horario de salida 오라리오 데 쌀리다
도착시간	horario de vuelta 오라리오 데 부엘따
편도표	billete sencillo 비예떼센씨오
왕복표	billete de ida y vuelta 비예떼 데 이다 이 부엘따

97

택시·렌트·카풀

❶ **Pide tu taxi por teléfono o por la app.** [삐데 뚜 딱씨 뽀르 뗄레뽀노 오 뽀르 라 앞] 전화 또는 앱으로 택시를 예약하세요. *pedir 예약하다, **tu** 당신의, **por** ~로, **teléfono** 전화, **o** 또는, **por** ~로

추천 스페인 명소

"톨레도를 보지 않았다면 스페인을 본 것이 아니다!"

1561년 마드리드로 수도가 천도될 때까지 스페인 통일 왕국의 수도로서 정치, 행정의 중심지 역할을 한 곳. 마치 미드 '왕좌의 게임' 의 배경같은 톨레도는 구시가 전체가 세계문화유산이다. 자그마한 도시라 당일치기로 보기에 충분하지만, 1박 2일을 머물며 천재 화가 엘 그레코의 발자취를 둘러보는 것도 좋다.

말라가

스페인 남부 해안에 위치한 말라가는 화가 피카소의 고향이자 전 세계 사람들이 찾는 휴양지로 유명한 곳이다.

붐비는 스페인 도심에서 벗어나 꼬스따 델 쏠(Costa del Sol) 가운데에 위치한 바다를 보며 해산물을 즐긴 후 피카소 미술관에 들러보자. 하이킹을 좋아한다면 스페인의 그랜드 캐년이라 불리는 '왕의 오솔길'도 가볼 만하다.

문장으로 말해보자.
택시·렌트·카풀에서 꼭 필요한 문장 & 표현

택시 정류장 어디 있어요?

¿Dónde está la parada de taxi?

돈데	에스따	라	빠라다	데	딱씨
어디	~있다		징류장	~의	택시

가장 가까운 주유소가 어디예요?

¿Dónde está la gasolinera más cercana?

돈데	에스따	라	가쏠리네라	마쓰	쎄르까나
어디	~이다		주유소	가장~한	가까운

기본 요금이 얼마예요?

¿Cuánto es la tarifa básica?

꾸안또	에쓰	라	따리파	바씨까
얼마	~이다		요금	기본의

(버스, 택시, 기차 등) 요금이 얼마예요?

¿Cuánto es la tarifa?

꾸안또	에쓰	라	따리파
얼마	~이다		요금

렌트 할 때 비용이 얼마인가요?

¿Cuánto cuesta alquilar un coche?

꾸안또	꾸에스따	알낄라르	운	꼬체
얼마	비용이 ~들다	빌리다		차

화장실 쓸 수 있나요?

¿Puedo usar su baño?

뿌에도	우싸르	쑤	바뇨
할 수 있다	사용하다	당신의	화장실

세차 할 수 있나요?

¿Puedo lavar mi coche?

뿌에도	라바르	미	꼬체
할 수 있다	씻다	나의	차

태워 주실 수 있나요?

¿Me puede llevar, por favor?

메	뿌에데	예바르	뽀르 파보르
나를	할 수 있다	태우다	부탁합니다

문장으로 말해보자.

택시·렌트·카풀에서 꼭 필요한 문장 & 표현

(당신이) 더 빨리 가주실 수 있나요?

¿Puedes ir más rápido?

뿌에데쓰	이르	마쓰	라삐도
할 수 있다	가다	더~	빨리

(우리가) 가는 길에 ~에 들를 수 있을까요?

¿Podemos pasar por ~ en el camino?

뽀데모쓰	빠싸르	뽀르	~	엔	엘	까미노
할 수 있다	~에 들르다					가는 길에

차 어디서 픽업할 수 있어요?

¿Dónde puedo recoger el coche?

돈데	뿌에도	레꼬헤르	엘	꼬체
어디서	할 수 있다	찾으러 가다		차

차 어디서 반납할 수 있어요?

¿Dónde puedo devolver el coche?

돈데	뿌에도	데볼베르	엘	꼬체
어디서	할 수 있다	반납하다		차

여기로 가주세요.

Lléveme a este lugar, por favor.

예베메 　 아 　 에스떼 　 루가르 　 뽀르 파보르

나를 데려가 주세요 　~로 　이~ 　 장소 　 부탁합니다

이 주소로 가주세요.

Lléveme a esta dirección, por favor.

예베메 　 아 　 에스따 　 디렉씨온 　 뽀르 파보르

나를 데려가 주세요 　~로 　이~ 　 주소 　 부탁합니다

이 호텔로 가주세요.

Lléveme a este hotel, por favor.

예베메 　 아 　 에스떼 　 오뗄 　 뽀르 파보르

나를 데려가 주세요 　~로 　이~ 　 호텔 　 부탁합니다

가까워요.

Está cerca.

에스따 　 쎄르까

~이다 　 가까운

스페인어로 살아남기

문장으로 말해보자.

택시·렌트·카풀에서 꼭 필요한 문장 & 표현

멀어요.

Está lejos.

에스따   레호쓰

～이다   먼

걷기에는 너무 멀어요.

Está demasiado lejos para ir andando.

에스따   데마씨아도   레호스   빠라 이르   안단도

～이다   너무   먼   ～하기에는 가다   걷는

여기서 세워주세요.

Pare aquí, por favor.

빠레   아끼   뽀르 파보르

세워주세요   여기서   부탁합니다

모퉁이 돌아서 세워주세요.

Pare a la vuelta de la esquina, por favor.

빠레 알 라 부엘따 델 라 에스끼나   뽀르 파보르

세워주세요   회전   ～에서   모퉁이   부탁합니다

104

횡단보도에서 세워주세요.

Pare en el paso de peatones, por favor.

빠레 　엔 　엘 　빠쏘 　데 　　빼아또네쓰 　　　뽀르 파보르

세워주세요 ~에서 　　　　　　횡단보도 　　　　　　부탁합니다

차를 빌릴게요.

Voy a alquilar un coche.

보이 　아 　알낄라르 　　운 　　꼬체

~할 것이다 　　빌리다 　　　　차

현금으로 지불할게요.

Voy a pagar en efectivo.

보이 　아 　빠가르 　엔 　에펙띠보

~할 것이다 　지불하다 　~로 　　현금

고속도로 탑시다.

Vamos a tomar la autopista.

바모쓰 　아 　또마르 　라 　아우또삐스따

~합시다 　　　타다 　　　　고속도로

문장으로 말해보자.

택시·렌트·카풀에서 꼭 필요한 문장 & 표현

여기서 건넙시다.

Vamos a cruzar por aquí.

바모쓰	아	끄루사르	뽀르	아끼
~합시다		건너다	~에서	여기

다른 차로 바꿔주세요.

Cámbieme por otro, por favor.

깜비에메	뽀르	오뜨로	뽀르 파보르
나에게 바꿔주세요	~로	다른 것	부탁합니다

잔돈 왜 안 주시나요?

¿Por qué no me da el cambio?

뽀르께	노	메	다	엘	깜비오
왜	~가 아닌	나에게 주다		잔돈	

요금이 너무 비싸요.

La tarifa es demasiada cara.

라	따리파	에쓰	데마씨아다	까라
요금	~이다	너무	비싼	

106

이상해요. 기본 요금이 너무 비싸요.

Qué raro, la tarifa básica es demasiada cara.

께	라로	라	따리파	바씨까	에스	데마씨아다	까라
그토록	이상한		요금	기본의	~이다	너무	비싼

좌회전/우회전 하세요.

Gire a la izquierda/derecha.

히레	알	라	이즈끼에르다/데레차
도세요	~로		왼쪽/오른쪽

좌/우측으로 차선을 바꾸세요.

Cambie al carril de la izquierda/derecha.

깜비에	알	까릴	델	라	이쓰끼에다/데레차
바꾸세요		차선	~의		왼쪽/오른쪽

태워 주셔서 감사합니다.

Gracias por traerme.

그라씨아쓰	뽀르	뜨라에르메
감사합니다	~에	나를 태워주다

문장으로 말해보자.
택시·렌트·카풀에서 꼭 필요한 문장 & 표현

팁 드릴게요.

Le daré propina.

레　　다레　　쁘로삐나

당신에게 줄 것이다　　팁

깎아주세요.

Descuento, por favor.

데스꾸엔또　　　　뽀르 파보르

할인　　　　부탁합니다

장거리잖아요.

Es una larga distancia.

에쓰　　우나　　라르가　　디스딴씨아

~이다　　　　장거리

미터기로 가나요?

¿Usa su taxímetro?

우싸　　쑤　　딱씨메뜨로

사용하다 당신의　택시미터기

잔돈은 가지세요.

Quédese con el cambio.

께데쎄 　　　 꼰 　　 엘 　　 깜비오

~을 자기의 것으로 만들다 　　 잔돈

안전벨트 매세요.

Abróchese el cinturón de seguridad, por favor.

아브로체쎄 　　　 엘 　　 씬뜨론 　　 데 　　 쎄구리닫 　　　 뽀르 파보르

매세요 　　　　　　　　　　　 안전벨트 　　　　　　 부탁합니다

(기름을) 가득 채워 주세요.

Llene el depósito, por favor.

예네 　　 엘 　　 데뽀시또 　　　 뽀르 파보르

채우다 　　 탱크, 보관소 　　　 부탁합니다

직진하세요.

Siga recto.

씨가 　　 렉또

계속 가세요 　곧은

문장으로 말해보자.

택시·렌트·카풀에서 꼭 필요한 문장 & 표현

MP3_31

(고속도로) 통행료는 얼마인가요?

¿Cuánto cuesta el peaje?

꾸안또	꾸에스따	엘	뻬아헤
얼마나	들다		통행료

(렌트카) 언제까지 반납해야 하나요?

¿Cuándo tengo que devolver el coche?

꾸안도	뗑고	께	데볼베르	엘	꼬체
언제	~해야 한다		반납하다		차

알아 두면 좋은 핵심 어휘

택시 정류장	**parada de taxi** 빠라다 데 딱씨
~로 가주세요	**Lléveme a** ~ 예베메 아~
기본 요금	**tarifa básica** 따리파 바씨까
요금	**tarifa** 따리파
택시미터기	**taxímetro** 딱씨메뜨로
트렁크	**maletero** 말레떼로
세워주세요	**pare** 빠레
잔돈	**cambio** 깜비오
교통체증	**atasco** 아따스꼬
운전 면허증	**carné de conducir** 까르네 데 꼰두씨르
일방통행	**calle de sentido único** 까예 데 센띠도 우니꼬
우회전	**gira a la derecha** 히라 알라 데레차
좌회전	**gira a la izquierda** 히라 알라 이스끼에르다
고속도로	**carretera** 까레떼라
주유소	**gasolinera** 가솔리네라
세차하다	**lavar el coche** 라바르 엘 꼬체

스페인 여행
100배 즐기기

낭만적이고 따뜻한 그라나다

그라나다에 도착하여 호텔로 가는 택시 안에서 눈을 마주친 이방인들이 저렇게 밝은 미소를 지어주는 것이 아닌가. 아 여기가 바로 그라나다구나!

집시와 이슬람 등 다양한 문화가 공존하는 남부 도시 그라나다는 낭만적이고 참 따뜻했다.

백설 공주에 나오는 동화 같은 마을 세고비아

마드리드에서 톨레도와 더불어 가장 인기 있는 당일치기 여행지이다.

대표 관광지인 수도교 앞 아소게호 광장에 도착하면 관광 안내소에 들러 시내 지도를 얻도록 하자.

세고비아 도착 첫날 잠깐 장보러 나왔다 보게 된 대성당의 신비로운 모습에 완전히 매료되고 말았다. 로마 수도교와 구시가지는 유네스코 세계문화유산이다.

"같이 가실래요?"

세비야에서 당일치기로 론다를 가던 날이다. 버스터미널에서 아침 식사를 주문하고 있는데 뒤에서 들리는 반가운 한국말. "저기, 한국인이세요? 저도 혼자인데 같이 가실래요?" 여리여리한 체구에 당찬 인상을 가진 여성분이었다.

나와는 반대의 성격을 가진 그녀와 함께 보낸 하루는 내가 계획했던 것과는 완전히 다르게 흘러갔다. 역시 새로운 사람과 세상을 경험하기에는 혼자 하는 여행만한 게 없구나.

마드리드의 지하철

스페인은 대중교통 시스템이 잘 갖춰진 나라다. 마드리드의 경우 지하철, 시내버스, 트램, 근교 기차를 이용할 수 있으며 특히 지하철은 13개의 노선이 마드리드 시내 전체를 연결하여 매우 편리하다. 지하철역에서 발급비 2.5€를 내고 멀티카드를 구매하는 것을 추천한다. 10회권을 구입하면 시내버스에서도 사용할 수 있다.

스페인의 시간은 한국의 시간과는 다르다.

출근 시간에 기차가 한 시간이나 연착되어도 짜증내는 기색 없이 기다리는 스페인 사람들.
스페인에서는 기차가 연착되거나 예정됐던 버스가 안 오는 경우가 종종 있다.

PART 3
식사

Kelly talk!

이탈리아, 프랑스와 함께 유럽 3대 요리 강국으로 꼽히는 스페인. 하루 5끼를 먹어야 할 미식의 나라다. 게다가 세 나라 중 외식비가 가장 저렴해서 '유럽의 태국' 같은 느낌이랄까? 로컬 음식부터 세계 최고 수준의 미슐랭까지 경험할 수 있는 '유럽의 키친'으로 당신을 초대한다.

식당

마드리드의 닭튀김 전문점

❶ **Pollo frito** [뽀요 쁘리또쓰] 닭 튀김
*pollo 닭, frito 튀겨진

❷ **Tiras de pollo** [띠라쓰 데 뽀요] 치킨 텐더 *tira 길다란 조각

❸ **Patatas fritas** [빠따따쓰 쁘리따쓰] 감자 튀김 *patata 감자

마드리드의 피데우아 전문점

❶ **Arroces** [아로쎄쓰] 밥

❷ **Paella, todo pelado** [빠에야 또 도 뻴라도] 껍질을 벗긴 (해산물) 빠에야
*pelar 벗기다

❸ **Marisco** [마리스꼬] 해산물

❹ **Arroz negro** [아로쓰 네그로] 검은 밥
*negro 검은

❺ **Fideuà tradicional** [피데우아 뜨라디씨오날] 전통적인 피데우아

추천 스페인 요리

❶ Fideuà [피데우아]
발렌시아 해안에서 유래한 해산물. 빠에야와 비슷하지만 쌀 대신 파스타 면을 사용한다.

❷ Bacalao gratinado [바깔라오 그라띠나도]
'꿀대구'라 불리는 대구 치즈 그라탕. 토마토 소스, 탱탱한 대구살에 꿀과 치즈를 섞은 소스가 조화롭다.

그라나다의 타파스 전문점

❶ CARTA DE NOCHE

❷ ✦ TAPAS (solo Noche) ✦

Mini Burguer Verdu y setas 3,00€
Canutillos de gambas (2uni) 5,00 €
Duo croquetta Casero vegano 5,50€
Duo mini Burguer
Buñuelos Bacalao

❸ ✦ TOSTAS DE PAN PAYES ✦

Jamón ibérico, con tomate y ajo al gusto
8,50€

Salmon ahumado y queso brie
9,00€

Solomillo de cerdo con salsa roquefort
8,00€

Mix de setas, queso de cabra y miel
9,50€

❹ ✦ POSTRES ✦

Brownie casero de chocolate, con helado de vainilla 6,00€

❶ **Carta de noche** [까르따 데 노체] 밤의 편지 *carta 편지, noche 밤

❷ **Tapas (Solo noche)** [따빠스 쏠로 노체] 타파스(밤에만)

❸ **Tostas de pan payes** [또스따스 데 빤 빠예쓰] 시골빵 *pan 빵, payés 시골사람

❹ **Postre** [뽀쓰뜨레] 후식

톨레도의 생선요리점

FISH

• GRILLED FRESH HAKE ....
MERLUZA FRESCA A LA PLANCHA
• THE HOUSE COD ....
❶ BACALAO AL ESTILO DE LA CASA
• GRILLED SWORD FISH ....
EMPERADOR A LA PLANCHA
• OVEN BAKED SEABASS WITH AMONTILLAD
LUBINA AL HORNO CON AJO AMONTILLADO
• FRESH GARLIC PRAWNS WITH GARLIC ....
❷ GAMBA FRESCA AL AJILLO
• RED TUNA TARTAR WITH TRUFFLE ....
TARTAR DE ATÚN ROJO CON TRUFA
• RED TUNA TATAKI ....
❸ TATAKI DE ATÚN ROJO

❶ **Bacalao al estilo de la casa** [바깔라오 알 에스띨로 데 라 까싸] 가정식 대구 *bacalao 대구, estilo 스타일, la casa 집

*al estilo de ~ : ~의 스타일로

❷ **Gamba fresca al ajillo** [감바 쁘레스까 알 아히요] 마늘을 곁들인 신선한 새우 *gamba 왕새우, fresca 신선한, al ~와 (전치사 'a'와 정관사 'el'의 축약), ajillo 마늘

❸ **Tataki de atún rojo** [따다끼 데 아뚠 로호] 붉은 참치 타다끼 *tataki 타다끼, atún 참치, rojo 붉은

Tip!

밥 먹으러 어디를 가야 할지 모를 땐 구글맵을 켜고 근처 식당을 검색하자. 평점과 리뷰 순으로 식당이 정렬된다. 톨레도 버스 터미널에 내려 짐이 무거워 구글맵에 기반해 걸어갈 수 있는 거리의 식당에 갔는데 음식의 맛과 모양 모두 기대 이상이었다.

식당

만체고 치즈를 맛볼 수 있는 톨레도 레스토랑

FINALLY, A DESERT

- MANCHEGO CHEESECAKE .... 6,00 €
❶ TARTA DE QUESO MANCHEGO
- APPLE PIE WITH VANILLA ICECREAM (Processing time 15 minutes) .... 7,00 €
TARTA DE MANZANA CON HELADO DE VAINILLA (Tiempo de elaboración 15 minutos)
- RICE PUDDING .... 4,50 €
❷ ARROZ CON LECHE
- CHEESE ICECREAM WITH CRUSHED ICE APPLE DRINK AND HONEY .... 5,00 €
❸ HELADO DE QUESO CON GRANIZADO DE MANZANA Y MIEL
- COLD CUSTARD
NATILLAS .... 4,50 €
- CHOCOLATE SOUFFLE WITH MILK ICECREAM AND CHOCOLATE .... 6,00 €
SOUFLÉ DE CHOCOLATE CON HELADO DE LECHE Y CHOCOLATE
- EGG FLAN .... 6,00 €
❹ FLAN DE HUEVO
- FRESH PINEAPLE .... 5,50 €
❺ PIÑA NATURAL
- SAMPLING DESSERTS (for 2 people) ....
DEGUSTACIÓN (para 2 ......

❶ **Tarta de queso manchego** [따르따 데 께쏘 만체고] 만체고 치즈케이크 *queso 치즈

❷ **Arroz con leche** [아로쓰 꼰 레체] 우유 쌀 푸딩 *leche 우유

❸ **Helado de queso con granizado de manzana y miel** [엘라도 데 께쏘 꼰 그라니싸도 데 만싸나 이 미엘] 사과 슬러시와 꿀을 곁들인 치즈 아이스크림 *helado 아이스크림, granizado 슬러시, manzana 사과, miel 꿀

❹ **Flan de huevo** [쁠란 데 우에보] 계란 커스터드 *flan 커스터드, huevo 계란

❺ **Piña natural** [삐냐 나뚜랄] 신선한 파인애플 *piña 파인애플, natural 자연 그대로의

추천 스페인 요리

Chorizo [초리소]

'소금에 절인'이라는 뜻을 가진 라틴어 살사치움(salsicium)에서 유래된 말로 돼지고기, 마늘, 붉은 파프리카 가루, 소금을 돼지 창자에 넣어 건조하고 숙성한 스페인의 대표적인 생 소시지이다.

❶ Tapas [따파쓰] 타파스

❷ Ensaladilla [엔쌀라디야] 러시안식 샐러드
*감자, 계란 등을 마요네즈에 버무린 샐러드

❸ Croquetas caseras [크로케따쓰 까세라스] 수제 크로켓
*croqueta 크로켓, casera 집에서 만든

❹ Montaditos calientes [몬따디또쓰 깔리엔떼쓰] 따뜻한 오
픈 샌드위치 *montadito 오픈 샌드위치, caliente 따뜻한

❺ Jamón, aceite y tomate [하몬 아쎄이떼 이 토마떼] 하몽,
오일, 그리고 토마토 *jamón 하몽, aceite 올리브오일, tomate 토마토

Tapas [따파스]

스페인의 대표적인 음식문화로 식사 전에 술과 곁들여 간단히 먹는 음식을 통칭하는
말이다. 타파스의 '타파(tapa)'는 '덮다', '가리다'는 뜻을 지닌 '타파르(tapar)'에서
왔다.

Tapas Hopping [타파스 호핑]

스페인 사람들이 워낙 어울리기를 좋아하고 맥주 가격이 물보다 싸다 보니 이리저리
바를 옮겨 다니며 가벼운 술과 일종의 안주인 타파스를 즐기는 문화가 생겨났는데 이
를 '타파스 호핑'이라 한다.

※ '스페인의 미식 자치주'라 불릴 만큼 미식이 발달한 바스크 지방에서는 타파스를
　Pincho(핀초)라고 부른다.

Siesta [씨에스타]

스페인어로 '낮잠'이라는 뜻. 씨에스타 문화로 스페인에서는 대부분의 식당이 16:00-19:00시까지 문을 닫는다. 우리나라 저
녁 식사 시간인 18:00쯤 가면 낭패를 볼 수 있으니 식당 오픈 시간을 미리 확인하자

식당

그라나다의 샤와르마 전문점 간판

❶ **Para llevar** [빠라 예바르] 포장이요. *llevar 가지고 가다

❷ **El mejor shawarma casero** [엘 메호르 샤와르마 까쎄로] 최고의 수제 샤와르마 *el mejor 최고의, casero 가정식

❸ **El Rincón** [엘 링꼰] 작은 공간

*shawarma [샤와르마] 중동 국가에서 흔한 길거리 음식. 쇠고기·닭고기·양고기를 불에 구워 채소와 함께 빵에 싸 먹는다.

❶ **Patatas fritas con carne** [빠따따쓰 프리따쓰 꼰 까르네] 감자튀김과 고기 *patata 감자, frita 튀겨진, carne 고기

❷ **Samosa vegetal** [싸모싸 베헤딸] 야채 사모사 *samosa 튀김만두, vegetal 채소

❸ **Patatas y alitas** [빠따따쓰 이 알리따쓰] 감자와 윙 *alita 날개

❹ **Patatas y nuggets** [빠따따쓰 이 누겟] 감자와 너겟 *nugget 너겟

그라나다에 있는 한식당 메뉴

❶ **Ramyun con caldo** [라몬 꼰 깔도] 국물 있는 라면 *Ramyun 라면, caldo 육수/국

❷ **Ramyun suave** [라몬 수아베] 순한 라면 *suave 순한

❸ **Arroz con verduras** [아로쓰 꼰 베르두라쓰] 비빔밥 *verdura 채소

❹ **Pastel de arroz** [빠스뗄 데 아로쓰] 떡볶이 *pastel 케이크, arroz 쌀

❺ **Topokki con fideo rizado** [또보끼 꼰 피데오 리싸도] 라볶이 *Topokki 떡볶이, fideo 국수, rizado 구불구불한

❻ **Huevo frito** [후에보 프리또] 계란 후라이 *huevo 계란, frito 튀긴

❼ **Plato especial** [쁠라또 에스뻬씨알] 특별 요리 *plato 요리, especial 특별한

식당

바르셀로나 레스토랑 『CASA RAFOLS 1911』

❶ **Comidas y bebidas** [꼬미다쓰 이 베비다쓰] 음식과 음료 *comida 음식, bebida 음료

❷ **Casa** [까싸] 집

❶ **Factura simplificada** [팍뚜라 심쁠리피까다] 간소화된 계산서 *factura 계산서, simplificada 간소화된

❷ **Terraza** [떼라싸] 테라스

❸ **Pan y servicio** [빤 이 쎄르비씨오] 빵과 서비스 *pan 빵, servicio 서비스

❹ **Impuesto** [임뿌에스또] 세금

❺ **Entregado** [엔뜨레가도] 받은(돈)

❻ **Cambio** [깜비오] 거스름돈

❼ **Efectivo** [에뻭띠보] 현금

❽ **Gracias por su visita** [그라씨아쓰 뽀르 쑤 비지따] 방문해주셔서 감사합니다. *gracias 감사합니다, visita 방문

❶ Mesa [메싸] 테이블/식탁

❷ Copa sangría tinto [꼬빠 쌍그리아 띤또] (레드) 샹그
리아 한 잔 *copa 컵

❸ IVA incluido [이바 잉끌루이도] (부가세) (포함된) *IVA
부가세, incluido 포함된

: 추천 스페인요리

스페인식 문어 요리 Pulpo (뽈뽀)

지중해와 맞닿아 있는 바르셀로나는 해산물 천국이다. 해안가 레스토랑에 앉아 와인을 곁들여 바다 내음 가득한 각종 해산
물과 문어 요리를 먹고 있자니 진정 휴가다 싶었다. 삶고, 조리고 튀기고 조리법만 해도 수십 가지인 뽈뽀. 내 입맛에는 새콤달
콤한 샐러드를 곁들인 문어 튀김이 맛있었다. 아! 아무래도 스페인에는 꼭 한번 다시 가야 할 것 같다.

Manchego [만체고]

돈키호테(Don Quixote)의 고향인 라만차 평원에서 만들어지는 치즈의 일종으로 양젖을 가열하고 압축한 후 숙성시켜 만든다.

스페인어로
살아남기

문장으로 말해보자.

식당에서 꼭 필요한 문장 & 표현

식당 예약

오늘 점심 식사 2명 예약할 수 있나요?

¿Puedo reservar el almuerzo de hoy para dos personas?

뿌에노	레쎄르바르	엘	알무에르쏘	데	오이	빠라	도쓰	뻬르쏘나쓰
할 수 있다	예약하다	점심 식사		~의	오늘	~를 위한	2	사람들

내일 저녁 식사 4명 예약할 수 있나요? 제 이름은 Kelly예요.

¿Podría reservar la cena para cuatro personas mañana

뽀드리아	레쎄르바르	라	쎄나	빠라	꾸아뜨로	뻬르쏘나쓰	마냐나
할 수 있을까요?(정중)	예약하다		저녁 식사	~를 위한	4	사람들	내일

por la noche? Mi nombre es Kelly.

뽀르	라	노체	미	놈브레	에쓰	께리
~에		밤	저의	이름	~이다	켈리

식당 입장(예약한 상황)

예약했어요.

Tengo una reserva.

뗑고	우나	레쎄르바
가지다		예약

124

Kelly 이름으로 예약했어요.

Tengo una reserva a nombre de Kelly.

뗑고	우나	레쎄르바	아	놈브레	데	께리
가지다	예약		~의	이름	~의	께리

* una reserva a nombre de ~ : ~의 이름으로의 예약

가는 길인데 20분 늦을 것 같아요.

Estoy en camino, pero supongo que llegaría en

에스또이	엔	까미노,	뻬로	쑤뽕고	께	예가리아	엔
있다	~에	길	그러나	가정한다	~라고	도착할 것이다	~하는데

20 minutos.

베인떼	미누또스
20	분

<u>식당 입장(예약하지 않은 상황)</u>

예약 안 했어요.

No tengo reserva.

노	뗑고	레쎄르바
~가 아닌	가지다	예약

1명이에요.

Solo yo.

쏠로	요
혼자	나, 저

문장으로 말해보자.

식당에서 꼭 필요한 문장 & 표현

2명이에요.

Una mesa para dos personas.

우나	메싸	빠라	도쓰	뻬르쏘나쓰
식탁	~를 위한	2	사람	

4명이에요.

Una mesa para cuatro personas.

우나	메싸	빠라	꾸아뜨로	뻬르쏘나쓰
식탁	~를 위한	4	사람	

자리 있나요?

¿Hay una mesa?

아이	우나	메싸
있다	식탁	

얼마나 대기해야 하나요?

¿Cuánto tiempo tenemos que esperar?

꾸안또	띠엠뽀	떼네모쓰	께	에스뻬라르
얼마나	시간	해야 한다	기다리다	

포장

포장이요.

Para llevar.

빠라　예바르

~용으로 가지고 가다

이 음식 포장해 주세요.

Quiero este plato para llevar.

끼에로　에스떼　쁠라또　빠라　예바르

원하다　이~　요리　~를 위한 가지고 가다

세트 vs 단품 주문

단품으로요.

Solo la comida.

쏠로　라　꼬미다

오직 하나의　음식

2번 세트 주세요.

Quiero el menú número dos.

끼에로　엘　메누　누메로　도쓰

원하다　메뉴　번호　2

문장으로 말해보자.

식당에서 꼭 필요한 문장 & 표현

자리

다른 자리로 주세요.

Déme otra mesa, por favor.

데메	오뜨라	메싸	뽀르 파보르
나에게 주세요	다른	테이블	부탁합니다

창가 자리로 주세요.

Déme una mesa cerca de la ventana, por favor.

데메	우나	메싸	쎄르까	델	라	벤따나	뽀르 파보르
나에게 주세요		테이블		~가까이에		창문	부탁합니다

테라스 자리로 주세요.

Déme una mesa en una terraza, por favor.

데메	우나	메싸	엔	우나	떼라싸	뽀르 파보르
나에게 주세요		테이블	~에		테라스	부탁합니다

웨이터/책임자 부르기

웨이터!

¡ Camarero! / ¡ señorita!

까마레로	쎄뇨리따
남자 웨이터	여자 웨이터

책임자 좀 불러주세요.

Llame al gerente, por favor.

야메   알   헤렌떼   뽀르 파보르

나에게 불러주세요 지배인, 매니저   부탁합니다

*남자 웨이터의 경우 멕시코 · 과테말라 등 중미 지역에서는 mesero(메쎄로), 페루 · 아르헨티나 · 칠레 등
남미 지역에서는 mozo(모쏘)라고도 한다.

음료

음료는 어떤 게 있나요?

¿Qué hay de beber?

께   아이   데   베베르

무엇   있다   ~할   마시다

그냥 물 주세요.

Solo agua, por favor.

쏠로   아구아,   뽀르 파보르

오직   물   부탁합니다

탄산수 주세요.

Agua con gas, por favor.

아구아   꼰   가스   뽀르 파보르

물   ~와 함께 가스   부탁합니다

문장으로 말해보자.
식당에서 꼭 필요한 문장 & 표현

콜라 주세요.

Una Coca Cola (Pepsi), por favor.

우나	꼬까 꼴라 (뻽씨)	뽀르 파보르
	코카 콜라 (펩시)	부탁합니다

다이어트 콜라로 주세요.

Una Coca Cola(Pepsi) zero, por favor.

우나	꼬까 꼴라(뻽씨)	쎄로	뽀르 파보르
	코카 콜라(펩시)	다이어트	부탁합니다

사이다 주세요.

Un Spirite, por favor.

운	에스쁘라잇	뽀르 파보르
	사이다	부탁합니다

맥주 주세요.

Una cerveza, por favor.

우나	쎄르베싸,	뽀르 파보르
	맥주	부탁합니다

MP3_35

오렌지 주스 주세요.

Un zumo de naranja, por favor.

운	쑤모	데	나랑하	뽀르 파보르
주스		~의	오렌지	부탁합니다.

와인

좋은 와인 추천해 주세요.

Recomiéndeme un buen vino, por favor.

레꼬미엔데메	운	부엔	비노	뽀르 파보르
나에게 추천해주세요		좋은 와인		부탁합니다

레드 와인 한 잔 주세요.

Un vino tinto, por favor.

운	비노	띤또	뽀르 파보르
와인		붉은	부탁합니다

화이트 와인 한 잔 주세요.

Un vino blanco, por favor.

운	비노	블랑꼬	뽀르 파보르
와인		흰	부탁합니다

문장으로 말해보자.
식당에서 꼭 필요한 문장 & 표현

와인을 병으로 주세요.

Una botella de vino, por favor.

우나	보떼야	데	비노	뽀르 파보르
병		~의 와인		부탁합니다

샹그리아

(레드) 샹그리아 한 잔 주세요.

Un vaso de sangría, por favor.

운	바쏘	데	쌍그리아	뽀르 파보르
한잔		~의	샹그리아	부탁합니다

화이트 샹그리아 한 잔 주세요.

Un vaso de sangría blanca, por favor.

운	바쏘	데	쌍그리아	블랑까	뽀르 파보르
한잔		~의	샹그리아	흰	부탁합니다

리필

무료 리필 되나요?

¿Puedo rellenar gratis?

뿌에도	레예나르	그라띠스
할 수 있다	다시 채우다	무료의

MP3_36

이거 리필해 주세요.

Rellénelo, por favor.

레예넬로,　　　뽀르 파보르

이것을 다시 채워주세요　부탁합니다

다른 음료로 리필해 주세요.

Rellene mi vaso con otra bebida, por favor.

레예네　　미　　바쏘　　꼰　　오뜨라　　베비다　　　뽀르 파보르

다시 채워주세요　나의　　컵　　~로　　다른　　　음료　　　　부탁합니다

얼음

얼음 조금만 주세요.

Un poco de hielo, por favor.

운　　뽀꼬　　데　　이엘로　　　뽀르 파보르

　　조금　　　　　얼음　　　부탁합니다

얼음 빼고 주세요.

Sin hielo, por favor.

씬　　이엘로　　　뽀르 파보르

~없이　　얼음　　　　부탁합니다

스페인어로
살아남기

문장으로 말해보자.
식당에서 꼭 필요한 문장 & 표현

샐러드

샐러드 종류가 어떻게 되나요?

¿Qué tipo de ensalada tiene?

께	띠뽀	데	엔쌀라다	띠에네
무엇	종류	~의	샐러드	가지다

샐러드 드레싱은 뭐가 있나요?

¿Qué aderezo tiene para la ensalada?

께	아데레쏘	띠에네	빠라	라	엔쌀라다
어떤	드레싱	가지다	~를 위한		샐러드

샐러드 드레싱은 따로 주세요.

El aderezo aparte, por favor.

엘	아데레쏘	아빠르떼	뽀르 파보르
	드레싱	따로	부탁합니다

소금

소금 빼고 주세요.

Sin sal, por favor.

씬	쌀	뽀르 파보르
~없이	소금	부탁합니다

134

소금 조금만 주세요.

Un poco de sal, por favor.

운　　뽀꼬　　데　　쌀　　뽀르 파보르

약간의~　　소금　　부탁합니다

소스

소스는 뭐 있어요?

¿ Qué salsa tiene?

께　　쌀싸　　띠에네

어떤　　소스　　가지다

소스 더 주세요.

Más salsa, por favor.

마쓰　　쌀싸　　뽀르 파보르

더　　소스　　부탁합니다

에피타이져

에피타이져 추천해 주실래요?

¿ Me puede recomendar algún aperitivo?

메　　뿌에데　　레꼬멘다르　　알군　　아뻬리띠보

나에게　할 수 있다　추천해주다　어떤　에피타이져

135

문장으로 말해보자.
식당에서 꼭 필요한 문장 & 표현

에피타이져 가벼운 걸로 추천해 주실래요?

¿Me puede recomendar algún aperitivo ligero?

메	뿌에데	레꼬멘다르	알군	아뻬리띠보	리헤로
나에게	할 수 있다	추천하다	어떤	에피타이저	가벼운

<u>수프</u>

수프는 어떤 게 있죠?

¿Qué hay de sopa?

께	아이	데	쏘빠
무엇	~이 있다	~중에서	수프

오늘의 수프는 무엇인가요?

¿Cuál es la sopa del día?

꾸알	에쓰	라	쏘빠	델	디아
어떤 것	~이다		수프		오늘의

<u>메뉴 추천</u>

메뉴판 좀 주세요.

El menú, por favor.

엘	메뉴	뽀르 파보르
	메뉴	부탁합니다

특별한 메뉴가 있나요?

¿Hay algún menú especial?

아이	알군	메누	에스뻬씨알
있다	어떤	메뉴	특별한

추천하는 것 있나요?

¿Tiene alguna recomendación?

띠에네	알구나	레꼬멘다씨온
가지다	어떤	추천

이 지역의 대표적인 음식은 무엇입니까?

¿Cuál es la comida típica de esta región?

꾸알	에쓰	라	꼬미다	띠삐까	데	에스따	레히온
어떤 것	~이다		음식	대표적인	~의	이~	지역

오늘의 메뉴는 무엇인가요?

¿Cuál es el menú del día?

꾸알	에쓰	엘	메누	델	디아
무엇	~이다		오늘의 메뉴		

*menú del día [메누 델 디아] '오늘의 메뉴'라는 뜻으로 레스토랑에서 제공하는 코스 요리, 정식을 의미함. 주로 평일 점심 시간에 저렴한 가격으로 푸짐하게 먹을 수 있는 메뉴다.

137

스페인어로
살아남기

문장으로 말해보자.
식당에서 꼭 필요한 문장 & 표현

채식 메뉴

채식 메뉴 있나요?

¿Tienen menú vegetariano?

띠에넨	메누	베헤따리아노
가지다	메뉴	채식의

주문

결정할 시간이 더 필요해요.

Necesitamos más tiempo para decidir.

네쎄씨따모스	마쓰	띠엠뽀	빠라	데씨디르
필요하다		더 많은 시간	~하기 위한	결정하다

전 ~를 주문할게요.

Quisiera ~ .

끼씨에라

~ 를 원한다(공손한 표현).

~ 주실 수 있나요?

¿Puede darme ~ ?

뿌에데	다르메 ~
할 수 있다	나에게 주다

138

MP3_39

제 메뉴 변경해도 될까요?

¿Puedo cambiar mi menú?

뿌에도   깜비아르   미   메누

할 수 있다   바꾸다   나의   메뉴

그게 다예요.

Es todo, gracias.

에쓰   또도   그라씨아쓰

~이다   모두   감사합니다

(음식 끊기지 않게) 한꺼번에 주세요.

Tráigame todo junto, por favor.

뜨라이가메   또도   훈또   뽀르 파보르

나에게 가져다주세요   모두 함께   부탁합니다

요청

고수 빼 주세요.

Sin cilantro, por favor.

씬   씰란뜨로   뽀르 파보르

~없이   고수   부탁합니다

문장으로 말해보자.
식당에서 꼭 필요한 문장 & 표현

향신료 빼 주세요.

Sin especias, por favor.

씬	에스뻬씨아쓰	뽀르 파보르
~없이	향신료	부탁합니다

알레르기

해산물 알레르기가 있어요.

Tengo alergia al marisco.

뗑고	알레르히아	알	마리스꼬
가지다	~에 알레르기가	있는	해산물

스테이크

스테이크 굽기 어떻게 해드릴까요?

¿Cómo quiere su filete?

꼬모	끼에레	쑤	필레떼
어떻게	원하다	당신의	스테이크

레어로 해주세요.

Casi crudo, por favor.

까씨	끄루도	뽀르 파보르
거의	날 것의	부탁합니다

미디엄으로 해주세요.

Al punto, por favor.

알 뿐또 뽀르 파보르

미디엄 부탁합니다

웰던으로 해주세요.

Bien hecho, por favor.

비엔 에초 뽀르 파보르

잘 익은 부탁합니다

이거 너무 익었어요.

Está demasiado hecho.

에스따 데마씨아도 에초

~이다 너무 익은

이거 너무 덜 익었어요.

Está poco hecho.

에스따 뽀꼬 에초

~이다 조금 익은

식당에서 꼭 필요한 문장 & 표현

해산물

해산물 어떤 걸 추천하시나요?

¿Qué marisco me recomienda?

께	마리스꼬	메	레꼬미엔다
무엇	해산물	나에게	추천하다

해산물 요리로 할게요.

Voy a comer marisco.

보이	아	꼬메르	마리스꼬
~할 것이다	먹다		해산물

음식이 안 나올 때 / 잘못 나올 때

주문했는데요.

Ya he pedido.

야	에	뻬디도
이미	주문했다	

메뉴 잘못 나왔어요.

Me dio el plato equivocado.

메	디오	엘	쁠라또	에끼보까도
나에게	줬다	음식		잘못된

오래 전에 주문했는데 음식이 안 나왔어요.

Ya he pedido hace mucho tiempo, pero la comida no salió.

야	에	뻬디도	아쎄	무초	띠엠뽀	뻬로	라	꼬미다	노	쌀리오
이미	주문했다		~전에	많은	시간	그러나		음식	~가 아닌	나오다

음식이 차가울 때

수프가 너무 차가워요.

Mi sopa está demasiado fría.

미	쏘빠	에스따	데마씨아도	프리아
나의	수프	~이다	너무	차가운

이거 좀 데워주세요.

Caliéntelo, por favor.

깔리엔뗄로	뽀르 파보르
이것을 데워주세요	부탁합니다

냅킨 더 주세요.

Déme más servilletas, por favor.

데메	마쓰	쎄르비예따스	뽀르 파보르
나에게 주세요	더	냅킨	부탁합니다

143

문장으로 말해보자.
식당에서 꼭 필요한 문장 & 표현

식기 추가

포크 떨어뜨렸어요.

Se me ha caído el tenedor.

쎄	메	아	까이도	엘	떼네도르
나는			떨어뜨렸다		포크

나이프 떨어뜨렸어요.

Se me ha caído el cuchillo.

쎄	메	아	까이도	엘	꾸치요
나는			떨어뜨렸다		나이프

디저트

디저트는 뭐가 있나요?

¿Qué postres hay?

께	뽀스뜨레스	아이
무엇	디저트	~가 있다

아이스크림 종류는 뭐 있어요?

¿Cuántos sabores de helado tiene?

꾸안또스	싸보레스	데	엘라도	띠에네
몇 개의	맛	~의	아이스크림	가지다

달지 않은 디저트 있어요?

¿ Tiene algún postre menos dulce?

띠에네	알군	뽀스뜨레	메노쓰	둘쎄?
가지다	어떤	디저트	덜	단

음식 평가

맛있었어요!

¡ Estuvo rico!

에스뚜보	리꼬
~였다	맛있는

매우 맛있었어요!

¡ Estuvo muy delicioso!

에스뚜보	무이	델리씨오쏘
~였다	매우	맛있는

너무 짰어요.

Estuvo demasiado salado.

에스뚜보	데마씨아도	쌀라도
~였다	너무	짠

스페인어로
살아남기

문장으로 말해보자.
식당에서 꼭 필요한 문장 & 표현

좀 싱거웠어요.

Estuvo un poco soso.

에스뚜보　　운　　뽀꼬　　쏘쏘

~였다　　　조금　　싱거운

매웠어요.

Estuvo picante.

에스뚜보　　삐깐떼

~였다　　매운

너무 느끼했어요.

Estuvo demasiado grasoso.

에스뚜보　　데마씨아도　　그라쏘쏘

~였다　　너무　　기름기가 많은

계산

계산할게요.

Voy a pagar.

보이　아　빠가르

~할 것이다　계산하다

146

MP3_43

웨이터, 계산서 주세요.

¿Camarero / señorita, la cuenta, por favor?

까마레로	쎄뇨리따	라	꾸엔따	뽀르 파보르
남자 웨이터	여자 웨이터	계산서		부탁합니다

계산서가 잘못됐어요.

Está mal la cuenta.

에스따	말	라	꾸엔따
~이다	잘못된		계산서

각자 계산 가능한가요?

¿Podemos dividir la cuenta?

뽀데모쓰	디비디르	라	꾸엔따
할 수 있다	나누다		계산서

저희는 따로 계산하고 싶어요.

Nos gustaría pagar por separado.

노쓰	구스따리아	빠가르	뽀르	쎄빠라도
우리는	~하고 싶다	계산하다	따로따로	

147

문장으로 말해보자.

식당에서 꼭 필요한 문장 & 표현

MP3_44

남은 것 포장

남은 것 포장해 주세요.

Empaca el resto, por favor.

엔빠까	엘	레스또	뽀르 파보르
포장해 주세요		나머지	부탁합니다

알아 두면 좋은
핵심 어휘

여기서 먹어요	**para tomar aquí** 빠라 또마르 아끼
포장이요	**para llevar** 빠라 예바르
예약하다	**reservar** 레쎄르바르
아침 식사	**desayuno** 데싸유노
점심 식사	**almuerzo** 알무에르쏘
저녁 식사	**cena** 쎄나
남자 웨이터	**camarero** 까마레로
여자 웨이터	**señora. señorita** 쎄뇨라, 쎄뇨리따(젊은 여자)
소금 조금만요	**un poco de sal** 운 뽀꼬 데 쌀
에피타이져	**aperitivo** 아뻬리띠보
오늘의 메뉴	**menú del día** 메누 델 디아
채식의, 채식주의자	**vegetariano** 베헤따리아노
~에 알레르기가 있는	**alergia a~** 알레르히아 아
차가운	**frío/a** 프리오
냅킨	**servilleta** 쎄르비예따
디저트	**postre** 뽀스뜨레
단	**dulce** 둘쎄
아이스크림	**helado** 엘라도
맛있는	**delicioso/a** 델리씨오쏘
짠	**salado/a** 쌀라도
싱거운	**soso/a** 쏘쏘
매운	**picante** 삐깐떼
계산서	**cuenta** 꾸엔따
나누다	**dividir** 디비디르
따로따로	**por separado** 뽀르 쎄빠라도

카페

디저트가 맛있는 그라나다의 카페

❶ **Desayunos y meriendas** [데싸유노쓰 이 메리엔다쓰] 아침식사와 간식 *desayuno 아침식사, merienda 간식

❷ **Bebidas** [베비다쓰] 음료수

❸ **Dulces** [둘쎄쓰] 달콤한 것

❹ **Salados** [쌀라도쓰] 짠 것

❺ **Cafés** [카페쓰] 커피

❻ **Batido** [바띠도] 밀크쉐이크

❼ **Zumo naranja** [쑤모 나랑하] 오렌지 주스

❽ **Refresco** [레프레스코] 탄산 음료

❾ **Bollería del día** [보예리아 델 디아] 오늘의 빵 *bollería 패스츄리, día 날

❿ **Pastelería variada** [빠스뗄레리아 바리아다] 다양한 빵 *pastelería 빵, variada 다양한

⓫ **Tostada** [또스따다] 토스트

⓬ **Molletes variados** [모예떼쓰 바리아도쓰] 다양한 머핀 *mollete 머핀, 토스트

150

마드리드에 있는 『스타벅스』 카페

❶ **Alegría en cada sorbo** [알레그리아 엔 까다 쏘르보] 한모금의 기쁨 *alegría 기쁨

❷ **Ahorra** 0.40 € **en tu bebida.** [아오라 쎄로 꼬마 꾸아렌따 에우로스 엔 뚜 베비다] 당신의 음료에서 0.40유로를 절약하세요. *ahorrar 절약하다, bebida 음료

❸ **Nuestra pasión por el café solo es comparable al placer de compartirlo.**
[누에스뜨라 빠씨온 뽀르 엘 카페 쏠로 에스 꼼빠라블레 알 쁠라쎄르 데 꼼빠르띨로] 커피를 향한 우리의 열정은 오직 그것을 나누는 기쁨과 비견됩니다. *nuestra 우리의, comparable al ~에 비할 수 있는, placer 기쁘게 하다, compartirlo 그것을 나누다

카페

마드리드의 Roscón 전문점

❶ **Roscón de reyes** [로스꼰 데 레예쓰] 대형 꽈배기 모양의 식빵 *rey 왕

❷ **Sin relleno** [씬 레예노]
빵 안에 아무것도 없는 *sin ~가 없는, relleno 속이 채워진 것

❸ **Con relleno** [꼰 레예노]
빵 안이 가득 차 있는 *con ~가 있는/함께

추천 스페인 디저트

Roscón de reyes [로스콘 데 레예쓰]

과일로 겉을 장식한 고리 모양의 빵이다. 주현절을 축하하기 위해 먹는 빵으로 빵의 형태가 동방박사의 왕관을 상징한다. 스페인어로 '로스카(rosca)'는 고리 모양의 둥근 빵, '레이(rey)'는 왕을 의미한다.

Tip!

맛있는 빵집이 워낙 많은 스페인에서는 호텔 조식 대신 베이커리 카페 투어를 추천한다. 여유가 된다면 이왕이면 옆 나라 포르투갈까지 방문하자. '빵'이라는 말은 포르투갈어(p⊠o)에서 유래되었는데 그만큼 다양한 종류의 빵이 있다. 특히 시나몬 가루를 뿌린 촉촉한 에그 타르트는 천상의 맛! 조금 과장하자면 100m마다 빵집이 보여 매일 아침 천국에 온 기분이 들게 한다. 게다가 가격도 한국에 비해 1/3정도로 무척 저렴하다.

❶ Gran selección de tés y cafés
[그란 쎌렉씨온 데 떼쓰 이 카페쓰] 차와 커피의 훌륭한 선택 *gran 훌륭한

❷ Batidos y lassi [바띠도쓰 이 라씨]
쉐이크와 라씨 *batido 밀크쉐이크

❸ Tés fríos y zumos [떼스 프리오쓰 이 쑤모쓰] 차가운 차와 주스 *frío 차가운

❹ Repostería árabe y tartas caseras [레뽀스떼리아 아라베 이 따르따쓰 까쎄라쓰] 아랍식 페이스트리 및 수제 케이크 *repostería 페이스트리/빵, árabe 아랍식, tarta 케이크, casera 집에서 만든

❺ Venta de nuestros Tés [벤따 데 누에스뜨로쓰 떼쓰] 수제차 판매 *venta 판매, nuestro 우리의

❻ Cachimbas [까침바쓰] 물담배

❼ Crepes salados, dulces y con helado [끄레뻬쓰 쌀라도쓰 둘쎄쓰 이 꼰 엘라도] 짭짤한 크레페, 달달구리와 아이스크림 *crepe 크레페, salado 짠, dulce 달달한 것, helado 아이스크림

❽ Todos nuestros productos están elaborados con ingredientes naturales
[또도쓰 누에스뜨로쓰 프로둑또쓰 에스딴 엘라보라도쓰 꼰 인그레디엔떼쓰 나뚜랄레쓰] 우리의 모든 제품은 천연 재료로 만들어집니다. *producto 제품, elaborado 만들어지다, ingrediente 재료, natural 천연

문장으로 말해보자.

카페에서 꼭 필요한 문장 & 표현

아메리카노

아이스 아메리카노 한 잔이요.

Un americano con hielo, por favor.

운	아메리까노	꼰	이엘로	뽀르 파보르
	아메리카노	~와 함께	얼음	부탁합니다

뜨거운 아메리카노 한 잔이요.

Un americano caliente, por favor.

운	아메리까노	깔리엔떼	뽀르 파보르
	아메리카노	뜨거운	부탁합니다

라떼

뜨거운 라떼 한 잔이요.

Un latte caliente, por favor.

운	라떼	깔리엔떼	뽀르 파보르
	라떼	뜨거운	부탁합니다

밀크커피(카페라떼) 한 잔이요.

Un café con leche, por favor.

운	카페	꼰	레체	뽀르 파보르
	커피	~와 함께	우유	부탁합니다

*Café con leche [카페 꼰 레체] : 커피에 우유를 섞은 것으로 스페인 사람들이 사랑하는 국민 커피

아이스 라떼 한 잔이요.

Un latte con hielo, por favor.

운 　라떼 　꼰 　이엘로 　뽀르 파보르

라떼 　～와 함께 　얼음 　부탁합니다

에스프레소

에스프레소 주세요.

Un café solo, por favor.

운 　카페 　쏠로 　뽀르 파보르

에스프레소 　부탁합니다

더블 에스프레소 주세요.

Un café doble, por favor.

운 　카페 　도블레 　뽀르 파보르

더블 에스프레소 　부탁합니다

시럽

시럽 빼 주세요.

Sin sirope, por favor.

씬 　씨로뻬 　뽀르 파보르

～없이 　시럽 　부탁합니다

스페인어로
살아남기

문장으로 말해보자.

카페에서 꼭 필요한 문장 & 표현

시럽 더 주세요.

Más sirope, por favor.

마쓰	씨로뻬	뽀르 파보르
더	시럽	부탁합니다

바닐라 시럽 넣어주세요.

Ponga sirope de vainilla, por favor.

뽕가	씨로뻬	데	바이니야	뽀르 파보르
넣어주세요	시럽	~의	바닐라	부탁합니다

헤이즐넛 시럽 넣어주세요.

Ponga sirope de avellana, por favor.

뽕가	씨로뻬	데	아베야나	뽀르 파보르
넣어주세요	시럽	~의	헤이즐넛	부탁합니다

샷 추가

에스프레소 샷 추가해 주세요.

Quiero agregar un tiro de espresso, por favor.

끼에로	아그레가르	운	띠로	데	에스쁘레쏘	뽀르 파보르
원하다	더하다	샷		~의	에스프레소	부탁합니다

MP3_46

그 외 추가

휘핑크림 추가해 주세요.

Quiero agregar crema, por favor.

끼에로	아그레가르	끄레마	뽀르 파보르
원하다	추가하다	크림	부탁합니다

계피 가루 많이요.

Mucha canela, por favor.

무차	까넬라	뽀르 파보르
많은	계피	부탁합니다

물

따뜻한 물 한잔 주세요.

Un vaso de agua caliente, por favor.

운	바쏘	데	아구아	깔리엔떼	뽀르 파보르
한잔		~의	물	따뜻한	부탁합니다

차가운 물 한잔 주세요.

Un vaso de agua fría, por favor.

운	바쏘	데	아구아	쁘리아	뽀르 파보르
한잔		~의	물	차가운	부탁합니다

스페인어로
살아남기

문장으로 말해보자.
카페에서 꼭 필요한 문장 & 표현

얼음물 주세요.

Un vaso de agua con hielo, por favor.

운	바쏘	데	아구아	꼰	이엘로	뽀르 파보르
한잔		~의	물	~와 함께	얼음	부탁합니다

얼음 많이 주세요.

Mucho hielo, por favor.

무초	이엘로	뽀르 파보르
많은	얼음	부탁합니다

우유

저지방 우유로 주세요.

Leche semidesnatada, por favor.

레체	쎄미데쓰나따다	뽀르 파보르
우유	저지방	부탁합니다

휘핑크림

휘핑 크림 빼 주세요.

Sin crema, por favor.

씬	끄레마	뽀르 파보르
~없이	크림	부탁합니다

158

휘핑 크림 조금만요.

Un poco de crema, por favor.

운	뽀꼬	데	끄레마	뽀르 파보르
조금		~의	크림	부탁합니다

휘핑 크림 많이 주세요.

Mucha crema, por favor.

무차	끄레마	뽀르 파보르
많은	크림	부탁합니다

사이즈

제일 큰 사이즈로 주세요.

Quiero el más grande.

끼에로	엘	마쓰	그란데
원하다	가장	큰 것	

중간 사이즈로 주세요.

Quiero tamaño mediano.

끼에로	따마뇨	메디아노
원하다	사이즈	중간의

카페에서 꼭 필요한 문장 & 표현

제일 작은 사이즈로 주세요.

Quiero el más pequeño.

끼에로	엘	마쓰	뻬께뇨
원하다	가장		작은

케이크

케이크 종류 뭐 있어요?

¿Qué pasteles tiene?

께	빠스뗄레쓰	띠에네
어떤	케이크	가지다

이 케이크는 얼마예요?

¿Cuánto cuesta este pastel?

꾸안또	꾸에스따	에스떼	빠스뗄
얼마	비용이~들다	이	케이크

한 조각 주세요.

Quiero una rebanada.

끼에로	우나	레바나다
원하다		조각

초콜릿 케이크 주세요.

Quiero un pastel de chocolate.

끼에로	운	빠스뗄	데	초꼬라떼
원하다		케이크	~의	초콜릿

치즈 케이크 주세요.

Quiero un pastel de queso.

끼에로	운	빠스뗄	데	께쏘
원하다		케이크	~의	치즈

이거 주세요.

Quiero esto.

끼에로	에스또
원하다	이것

샌드위치

샌드위치 뭐 있어요?

¿Qué sándwiches tiene?

께	싼드위체쓰	띠에네
어떤	샌드위치	가지다

문장으로 말해보자.
카페에서 꼭 필요한 문장 & 표현

통밀빵이요.

De pan integral.

데 빤 인떼그랄

~로 만드는 통밀빵

양파 빼 주세요.

Sin cebolla, por favor.

씬 쎄보야 뽀르 파보르

~없이 양파 부탁합니다

채소 추가해 주세요.

Quiero añadir verduras, por favor.

끼에로 아냐디르 베르두라쓰 뽀르 파보르

원하다 추가하다 채소 부탁합니다

치즈 추가해 주세요.

Quiero añadir queso, por favor.

끼에로 아냐디르 께쏘 뽀르 파보르

원하다 추가하다 치즈 부탁합니다

베이글

베이글 뭐 있어요?

¿ Qué tipo de bagel tiene?

께	띠뽀	데	바겔	띠에네
어떤	종류	~의	베이글	가지다

크림치즈 베이글 주세요.

Un bagel de queso crema, por favor.

운	바겔	데	께쏘	끄레마	뽀르 파보르
베이글	~의		크림 치즈		부탁합니다

훈제 연어와 크림 치즈 베이글 주세요.

Un bagel de salmón ahumado y queso crema, por favor.

운	바겔	데	쌀몬	아우마도	이	께쏘	끄레마	뽀르 파보르
베이글	~의		연어 훈제의		그리고	크림치즈		부탁합니다

계란과 베이컨을 곁들인 베이글 주세요.

Un bagel de huevo y tocino, por favor.

운	바겔	데	우에보	이	또씨노	뽀르 파보르
베이글	~의		계란	그리고	베이컨	부탁합니다

문장으로 말해보자.
카페에서 꼭 필요한 문장 & 표현

MP3_50

하몽과 치즈를 곁들인 베이글 주세요.

Un bagel de jamón y queso, por favor.

운	바겔	데	하몬	이	께쏘	뽀르 파보르
베이글	~의	햄	그리고 치즈			부탁합니다

기타 문의 사항

물티슈 있어요?

¿Tiene toallitas húmedas?

띠에네	또아이따스	우메다쓰?
가지다	물티슈	젖은

빨대 어디 있어요?

¿Dónde están las pajitas?

돈데	에스딴	라쓰	빠히따쓰
어디	~있다		빨대

케첩 어디 있어요?

¿Dónde está el ketchup?

돈데	에스따	엘	께춥
어디	~있다		케첩

164

알아 두면 좋은
핵심 어휘

(컵) 뚜껑	tapa 따빠
(컵) 캐리어	portador 뽀르따도르
와이파이	wifi 위피
얼음	hielo 이엘로
뜨거운	caliente 깔리엔떼
차가운	frío/a 프리오
아메리카노	americano 아메리까노
우유	leche 레체
밀크 커피	café con leche 까페 꼰 레체
추가하다	agregar 아그레가르
샷	tiro 띠로
큰	grande 그란데
중간의	mediano/a 메디아노
작은	pequeño/a 뻬께뇨
케이크	pastel 빠스뗄
조각	rebanada 레바나다
치즈	queso 께쏘
샌드위치	sándwich 싼드위치
통밀빵	pan integral 빤 인떼그랄
베이글	bagel 바겔
크림치즈	queso crema 께쏘 끄레마
연어	salmón 쌀몬
물티슈	toallitas húmedas 또아이따쓰 우메다쓰
빨대	pajilla 빠히야
케첩	ketchup 께춥

술집

마드리드의 와인 가게

간식 · 커피 · 술을 함께 파는 그라나다의 가게

❶ **Vino Caliente Especial Navidad**
[비노 깔리엔떼 에스뻬씨알 나비닫] 크리스마스용 특별한 뜨거운 와인 *vino 와인, caliente 뜨거운

❶ **Copa** [꼬빠] 한 잔
❷ **Atmosférico** [엣모쓰뻬리코] 대기의, 분위기 있는
❸ **Merienda** [메리엔다] 간식
❹ **Cerveza** [쎄르베싸] 맥주
❺ **Tostadas** [또스따다쓰] 토스트

추천 스페인 술

Sangría [쌍그리아]

스페인어의 'sangre(피)'라는 단어에서 유래된 알코올 도수 4~12% 내외의 와인. 뭘 시킬지 모를 땐 일단 쌍그리아를 시키자. 밝고 깨끗한 레몬 빛에 눈이 즐거워지며 오렌지와, 체리 등의 달콤한 향이 느껴진다.

스페인 맥주 『Estrella Galicia』

❶ **Resistencia desde** 1906 [레씨쓰 뗀씨아 데스데 밀 노베씨엔또쓰 쎄이쓰] 1906년부터 저항 *resistencia 저항

*1906년부터 제조된 에스트렐라 갈리시아 (Estrella Galicia)는 스페인 북서부 갈리시 아 지방을 대표하는 맥주이다.

칵테일을 파는 마드리드 술집

❶ **Date un gustito** [다떼 운 구스띠또] 한번 드셔 보세요. *gustito 맛/미각

❷ **Pide un pisco sour** [삐데 운 삐스 꼬 쏘우르] **Pisco Sour**를 주문하세요. *pedir 주문하다

***Pisco Sour**(피스코 사워) : 페루식 칵테일

Vino Caliente [비노 깔리엔떼]

'뜨거운 와인'이라는 뜻을 가진 레드 와인으로 지역에 따라 다른 재료들을 넣고 끓이는 것이 특징이다. 독일에서는 글뤼바인 (Gluhwein), 프랑스에서는 뱅쇼로 불린다. 알코올이 거의 휘발되고 몸이 데워지는 효과가 있어 겨울에 특히 인기가 많다.

문장으로 말해보자.
술집에서 꼭 필요한 문장 & 표현

<u>메뉴</u>

이거 뭐예요?

¿Qué es esto?

께　에스　에스또

무엇　~이다　이것

맛있어 보여요.

Se ve rico.

쎄　베　리꼬

(강조) ~해 보인다　맛있는

유명한 술 추천해 주세요.

Recomienda un licor popular, por favor.

레꼬미엔다　　운　리꼬르　뽀뿔라르　　뽀르 파보르

나에게 추천해 주세요　술　인기 있는　부탁합니다

이거 주세요.

Quiero esto.

끼에로　에스또

원하다　이것

168

안주

술과 함께 먹을 요리 추천해 주실래요?

¿ Me puede recomendar un plato para cemer?

메	뿌에데	레꼬멘다르	운	쁠라또	빠라	꼬메르
나에게	할 수 있다	추천하다	한 접시	~할	먹다

제일 인기 있는 타파스가 뭐예요?

¿ Cuáles son las tapas más populares?

꾸알레쓰	쏜	라쓰	따빠쓰	마쓰	뽀뿔라레쓰
무엇	~이다		타파스	가장 인기 있는

맥주

생맥주 한 잔 주세요.

Una caña, por favor.

우나	까냐	뽀르 파보르
생맥주		부탁합니다

맥주 주세요.

Una cerveza, por favor.

우나	쎄르베싸	뽀르 파보르
병맥주		부탁합니다

술집에서 꼭 필요한 문장 & 표현

와인

레드 와인 한 잔 주세요.

Un vino tinto, por favor.

운	비노	띤또	뽀르 파보르
와인		붉은	부탁합니다

화이트 와인 한 잔 주세요.

Un vino blanco, por favor.

운	비노	블랑꼬	뽀르 파보르
와인		흰	부탁합니다

샹그리아

레드 샹그리아 한 잔 주세요.

Un vaso de sangría, por favor.

운	바쏘	데	쌍그리아	뽀르 파보르
한 잔		~의	샹그리아	부탁합니다

화이트 샹그리아 한 잔 주세요.

Un vaso de sangría blanca, por favor.

운	바쏘	데	쌍그리아	블랑까	뽀르 파보르
한 잔		~의	샹그리아	흰	부탁합니다

그 외 주류

칵테일 한 잔 주세요.

Una copa de cóctel, por favor.

우나	꼬빠	데	꼭뗄	뽀르 파보르
한 잔		~의	칵테일	부탁합니다

칵테일은 뭐가 있나요?

¿Qué cócteles hay?

께	꼭뗄레쓰	아이
무엇	칵테일	있다

위스키 한 잔 더 주세요.

Otro whisky, por favor.

오뜨로	위스끼	뽀르 파보르
다른	위스키	부탁합니다

무알콜 음료들은 뭐가 있어요?

¿Qué bebidas no alcohólicas tienes?

께	베비다쓰	노	알꼬올리까쓰	띠에네스
어떤	음료	~가 아닌	알코올의	가지다

문장으로 말해보자.
술집에서 꼭 필요한 문장 & 표현

MP3_53

<u>사교</u>

여기 합석해도 될까요?

¿Me puedo sentar aquí?

메	뿌에도	쎈따르	아끼
내가	할 수 있다	앉다	여기

제가 한 잔 사도 될까요?

¿Puedo invitarte a una copa?

뿌에도	인비따르떼	아	우나	꼬빠
할 수 있다	당신에게 사주다		한 잔	

(당신이) 만나는 사람 있어요?

¿Tienes pareja?

띠에네스	빠레하
가지다	짝, 커플

전화번호 뭐예요?

¿Cuál es tu número de teléfono?

꾸알	에쓰	뚜	누메로	데	뗄레포노
무엇	~이다	당신의	번호	~의	전화

알아 두면 좋은 핵심 어휘

술	licor 리꼬르
무알콜 음료	bebida no alcohólica 베비다 노 알꼬올리까
인기 있는	popular 뽀뿔라르
원하다	quiero 끼에로
타파스	tapas 따빠스
생맥주	caña 까냐
병맥주	cerveza 쎄르베싸
레드 와인	vino tinto 비노 띤또
화이트 와인	vino blanco 비노 블랑꼬
상그리아	sangría 쌍그리아
칵테일	cóctel 꼭뗄
진	ginebra 히네브라
보드카	vodka 본까
술이 센	buen bebedor 부엔 베베도르
술이 약한	mal bebedor 말 베베도르
(술에) 취하지 않은	sobrio 쏘브리오
만취한	borracha 보라차

마트·상점

마드리드에 있는 하몽 마켓

❶ Mercado Jamón Ibérico [메르까도 하몬 이베리꼬] 이베리코 하몽 마켓 *mercado 마켓/시장

❷ Desde España [데쓰데 에스빠냐] 스페인에서부터 *desde ~부터

❸ Con Jamón [꼰 하몬] 하몽과 함께 *con ~와 함께

추천 스페인 상품

Jamón [하몽]

돼지 뒷다리 염장 햄으로 스페인을 대표하는 음식으로 일반 햄에 비해 붉은 빛이 강하고, 촉촉하며 부드럽다. 샌드위치나 각종 요리에 빠지지 않으며, 와인의 안주로도 제격이다. 스페인 거리를 걷다 보면 하몽 전문점을 심심치 않게 볼 수 있는데 하나같이 벽면 가득 하몽이 걸려 있다.

마드리드의 뚜론 가게

❶ Turrón de chocolate [뚜론 데 초꼬라떼] 초콜릿 누가

❷ Elaboración propia [엘라보라씨온 쁘로삐오] 자체 제작 *elaboración 제작, propia 고유의

*Turrón [뚜론] 스페인 발렌시아 지방의 전통 당과류로 아몬드, 땅콩, 마카다미아 등에 꿀을 넣어 굳힌 캐러멜 과자다.

❶ La caja de vinos [라 까하 데 비노쓰] 와인 상자 *La caja 상자

❶ Fresas [프레싸쓰] 딸기

❶ Melocotón [멜로꼬똔] 복숭아

마트·상점

❶ Estanco [에스딴꼬] 담배 가게

❶ Besos [베쏘쓰] 키스

❶ Marcilla [마르씨야] 스페인의 유명 커피 브랜드

❶ Pechuga de pollo [뻬추가 데 뽀요]
닭 가슴살 *pechuga 가슴, pollo 닭

❷ Pechuga de pavo [뻬추가 데 빠보] 칠면조 가슴살 *pavo 칠면조

❶ **Tomate** [또마떼] 토마토

❷ **Zumo de naranja** [쑤모 데 나랑하]
오렌지 주스

❶ **Crema de calabacín** [끄레마 데
깔라바씬] 애호박 크림 수프 *crema 크림
수프, calabacín 애호박

❷ **Crema de pescado** [끄레마 데 뻬
스까도] 생선 크림 수프 *crema 크림수프,
pescado 생선

Tip!

스페인을 겨울에 방문했는데도 오렌지가 주렁주렁 달린 나무로 가득 차 있는 모습에 충격을 받았다. 알고 보면 오렌지는 이슬람으로부터 건너온 과일이다. 이슬람 지배 시절 물 건너온 오렌지는 스페인 남부에 자리를 잡았고 지중해의 바람과 뜨거운 태양 덕분에 황금빛을 뽐내며 무럭무럭 잘 익었다. 그런데 오렌지를 따면 안 된다는 법이라도 있는 걸까? 아무도 오렌지를 따거나 줍지 않았다. 결국 호기심에 떨어진 오렌지를 주어서 먹어보니, 너무 떫고 맛이 없었다! 알고 보니 이 나무에서 떨어지는 오렌지는 당도가 떨어지는 품종이라, 나중에 수거하여 다른 용도로 사용한다고 한다.

마트·상점

❶ **Sopa de ave con fideos** [쏘빠 데 아베 꼰 피데오쓰] 국수를 곁들인 가금류 수프 *sopa 수프, ave 새, fideo 국수

❷ **Sin conservantes** [씬 꼰세르반떼쓰] 방부제 없는 *conservante 방부제

❶ **Blanco** [블랑꼬] 화이트(와인)

❶ **Rosados** [로싸도쓰] 로제(와인)

❶ **Tenemos bebidas frías.** [떼네모쓰 베비다쓰 프리아쓰] 차가운 음료가 있습니다. *tener 가지고 있다

❶ Frijoles [프리호레쓰] 콩

❶ Zumo exprimido [쑤모 엑스쁘리미
도] 착즙 주스 *exprimido 짜낸

❷ Uva roja [우바 로하] 붉은 포도 *uva
포도, roja 붉은

❶ Pulpo cocido [뿔뽀 꼬씨도]
삶은 문어 *pulpo 문어, cocido 삶은

❶ Licor [리꼬르] 술

마트·상점

❶ Onduladas sabor jamón [온둘
라다쓰 싸보르 하몬] 하몽 맛의 물결무늬
과자 *onduladas 물결무늬의, sabor 맛

❶ Yakisoba con pollo
[야끼소바 꼰 뽀요] 닭고기 야끼소바

*pollo 닭

:: 추천 스페인 음식 ∙∙∙∙∙∙∙∙∙∙∙∙∙∙∙∙∙∙∙∙∙

Paella [빠에야]
농부들이 점심때 모여 큰 냄비에 쌀과 달팽이, 토끼 고기, 콩
등을 넣고 끓여 먹던 요리다. 당시 사용한 큰 냄비를 '파에야'라
고 부른 것에서 명칭이 유래했다. 과거 스페인이 거느리던 식
민지, 남아메리카와 멕시코, 미국 남부, 카리브 지역, 일부 북
아프리카, 필리핀 지역에도 빠에야가 널리 퍼져나가 명칭은
다르나 유사한 음식을 쉽게 발견할 수 있다. 한국사람들에게
는 해산물 빠에야(Paella de marisco)와 먹물 빠에야(Arroz
negro)가 특히 인기가 많다.

❶ Paella de marisco
[빠에야 데 마리스꼬] 해산물 빠에야

❶ **Arroz** [아로쓰] 쌀

❶ **Zanahoria rallada** [싸나오리아 라 야다] 채 썬 당근 *zanahoria 당근

❶ **Banderillas dulces** [반데리야쓰 둘 세쓰] 단 꼬치 *dulce 단

Banderilla [반데리야]

각종 절인 야채 등을 꽂은 간단한 음식이나 꼬치안주. 투우에 서 소를 찌르는 긴 창을 의미하기도 한다.

사진으로 익숙해지는 생생한 현지어 📷 마트·상점

① La copa [라 꼬빠] 한 컵

① Panadería 빵집 [빠나데리아]

② Bizcocho mármol [비스꼬초 마르몰] 초코 카스테라 *bizcocho 카스텔라, mármol 대리석

① Cerveza especial de fermentación lenta [쎄르베싸 에 스뻬씨알 데 페르멘따씨온 렌따] 천천히 발효되는 특별한 맥주 *cerveza 맥주, fermentación 발효, lenta 느린

추천 스페인 음식

도시를 옮길 때마다 그 도시를 대표하는 맥주에 도전해 보는 것도 재미있다. 알함브라 맥주는 과일 향을 기반으로 한 진한 풍미와 1984년 유네스코 세계유산으로 지정된 알함브라 궁전의 석양을 닮은 황금빛 색상을 자랑하는 패일 라거 맥주.

182

❶ Fuente de VITAMINA C y alto contenido en ácido fólico. [푸엔떼 데 비따미나 쎄 이 알또 꼰떼니도 엔 아씨도 폴리꼬] 비타민 C의 공급과 엽산 함량이 높습니다. *fuente 원천, alto 높은, contenido 함유된, ácido fólico 엽산

❷ Rúcula [루꿀라] 루꼴라

❸ Col lombarda [꼴 롬바르다] (검붉은 빛깔의)양배추의 일종

❹ Lollo rojo [로요 로호] 적상추

❺ Brotes de espinacas [브로떼쓰 데 에스뻬나까쓰] 시금치 새싹 *espinaca 시금치

❻ Escarola rizado [에스까롤라 리싸도] 치커리

❼ Fecha de caducidad [페차 데 까두시닫] 유통기한 *fecha 날짜, caducidad 소멸/유효기간

마트·상점

❶ Aceites y batidos [아쎄이떼쓰 이 바띠도쓰] 올리브유 그리고 스무디(쉐이크) *aceite 올리브유

❷ legumbres [레굼브레쓰] 콩류

❶ La charcutería [라 차르꾸떼리아] 하몽 가게

❶ Nueces de Ronda [누에쎄쓰 데 론다] 론다의 호두 *nuece 호두/견과류

❶ Vegetal [베헤딸] 식물성의

❷ Sin azúcares añadidos [씬 아쑤까레쓰 아냐디도쓰] 무설탕 *azúcar 설탕, añadidos 첨가된

❶ **Sin grasa** [씬 그라싸] 무지방 *grasa 지방

❷ **Gente dulce** [헨떼 둘세] 달콤한 사람들 *gente 사람들, dulce 달콤한

❶ **Sabores de la vida** [싸보레쓰 데 라 비다] 인생의 맛 *sabor 맛, la vida 인생

❷ **Destiladas de las hierbas por la salud** [데스띨라다쓰 데 라쓰 이에르바쓰 뽀르 라 쌀루드] 건강을 위한 허브 증류제 *destilada 증류, la hierba 허브, la salud 건강

❸ **Frutos secos y frutas secas exóticas** [프루또쓰 쎄코쓰 이 프루따쓰 쎄까쓰 엑쏘띠까쓰] 견과류와 외국산 말린 과일 *fruto 열매/과일, seco 말린, exótico 이국적인

❶ **Compresa** [꼼쁘레싸] 생리대

문장으로 말해보자.
마트·상점에서 꼭 필요한 문장 & 표현

상품 위치 문의

사과 어디서 찾을 수 있죠?

¿Dónde puedo encontrar una manzana?

돈데	뿌에도	엔꼰뜨라르	우나	만싸나
어디	할 수 있다	찾다		사과

우유 어디서 찾을 수 있죠?

¿Dónde puedo encontrar la leche?

돈데	뿌에도	엔꼰뜨라르	라	레체
어디	할 수 있다	찾다		우유

맥주 어디서 찾을 수 있죠?

¿Dónde puedo encontrar la cerveza?

돈데	뿌에도	엔꼰뜨라르	라 쎄르베싸
어디	할 수 있다	찾다	맥주

고기 어디서 찾을 수 있죠?

¿Dónde puedo encontrar la carne?

돈데	뿌에도	엔꼰뜨라르	라 까르네
어디	할 수 있다	찾다	고기

MP3_54

가격 문의

이거 얼마예요?

¿Cuánto cuesta?

꾸안또 꾸에스따

얼마 비용이 ~들다

1kg에 얼마예요?

¿Cuánto cuesta el kilo?

꾸안또 꾸에스따 엘 낄로

얼마 비용이 ~들다 1킬로

유통기한

유통기한이 언제인가요?

¿Cuál es la fecha de caducidad?

꾸알 에쓰 라 페차 데 까두시닫

어느 ~이다 날짜 ~의 유통기간

유통기한이 지났어요.

Está vencido.

에스따 벤씨도

~이다 기한이 된

187

마트·상점에서 꼭 필요한 문장 & 표현

이거 상했어요.

Está malo.

에쓰따　　　말로

～이다　　　상한

<u>1+1</u>

이거 1+1인가요?

¿Es dos por uno?

에쓰　도쓰　뽀르　우노

～이다　2　～에　1

<u>주류 구매</u>

와인 보여주세요.

Muéstreme vinos, por favor.

무에스뜨레메　　　비노쓰　　　뽀르 파보르

나에게 보여주세요　　와인　　　부탁합니다

발렌타인 보여주세요.

Muéstreme Ballentines, por favor.

무에스뜨레메　　　　발렌띠네스　　　뽀르 파보르

나에게 보여주세요　　　발렌타인　　　부탁합니다

위스키 보여주세요.

Muéstreme whisky, por favor.

무에스뜨레메	위스끼	뽀르 파보르
나에게 보여주세요	위스키	부탁합니다

제가 몇 병 살 수 있어요?

¿Cuántas botellas me puede comprar?

꾸안따스	보떼야스	메	뿌에네	꼼쁘라르
몇 개의	병	내가 ~할 수 있다		구입하다

계산

계산 할게요.

Quiero pagar.

끼에로	빠가르
원하다	지불하다

이미 결제했어요.

Ya he pagado.

야	에	빠가도
이미		결제했다

문장으로 말해보자.

마트·상점에서 꼭 필요한 문장 & 표현

쿠폰

이 쿠폰 쓸 수 있나요?

¿Puedo usar este cupón?

뿌에도	우싸르	에스떼	꾸뽄
할 수 있다	사용하다	이~	쿠폰

포장

포장해 주세요.

Envuélvalo, por favor.

엔부엘발로	뽀르 파보르
이것을 포장해 주세요	부탁합니다

쇼핑백

쇼핑백이 필요해요.

Quiero una bolsa de papel.

끼에로	우나	볼싸	데	빠뻴
원하다	1개	봉지	~의	종이

*(la) bolsa de papel : 쇼핑백

배달

이 주소로 배달해 주세요.

Entréguelo a esta dirección, por favor.

엔뜨레겔로	아	에스따	디렉씨온	뽀르 파보르
그것을 배달해 주세요	~로	이	주소	부탁합니다

배달이 안 와요.

Mi pedido no llega.

미	뻬디도	노	예가
나의	주문	~가 아닌	도착하다

영수증 요청

영수증 주세요.

Quiero el recibo.

끼에로	엘	레씨보
원하다		영수증

환불

결제 취소해 주세요.

Cancele mi pago, por favor.

깐쎌레	미	빠고	뽀르 파보르
취소해 주세요	나의	지불	부탁합니다

스페인어로
살아남기

문장으로 말해보자.

마트·상점에서 꼭 필요한 문장 & 표현

환불해 주세요.

Quiero una devolución.

끼에로	우나	데볼루씨온
원하다		환급, 반납

마음에 안 들어요.

No me gusta.

노	메	구스따
~가 아닌	내가	좋아하다

여기 영수증이요.

Aquí está el recibo.

아끼	에스따	엘	레씨보
여기	~이다		영수증

<u>교환</u>

너무 커요.

Es demasiado grande.

에쓰	데마씨아도	그란데
~이다	너무	큰

192

더 작은 걸로 바꿔 주세요.

Quiero uno más pequeño.

끼에로	우노	마쓰	뻬께뇨
원하다	1	더	작은

너무 작아요.

Es demasiado pequeño.

에쓰	데마씨아도	뻬께뇨
~이다	너무	작은

더 큰 걸로 바꿔 주세요.

Quiero uno más grande.

끼에로	우노	마쓰	그란데
원하다	1	더	큰

이미 열어 봤어요.

Ya lo he abierto.

야	로	에	아비에르또
이미	그것을		열었다

근데 안 썼어요.

Pero no lo he usado.

뻬로　　노　로　에　　우싸도

그러나　~가 아닌 그것을　사용했다

다른 걸로 주세요.

Déme otro, por favor.

데메　　　오뜨로　　　뽀르 파보르

나에게 주세요 다른 것　　부탁합니다

항의

내 잘못이 아니에요.

No es mi culpa.

노　　에쓰　미　　꿀빠

~가 아닌 ~이다 나의　잘못

불공평해요.

Es injusto.

에쓰　　인후스또

~이다　불공평한

알아 두면 좋은
핵심 어휘

~어디 있어요?	¿Dónde está~? 돈데 에스따
나에게 주세요	déme 데메 ~
사과	manzana 만싸나
우유	leche 레체
맥주	cerveza 쎄르베싸
고기	carne 까르네
유효기간	caducidad 까두시닫
기한이 된	vencido/a 벤씨도
상한	malo/a 말로
1+1 (원 플러스 원)	dos por uno 도쓰 뽀르 우노
쿠폰	cupón 꾸뽄
포장하다	envolver 엔볼베르
종이가방/쇼핑백	bolsa de papel 볼싸 데 빠뻴
영수증	recibo 레씨보
취소하다	cancelar 깐쎌라르
환불	devolución 데볼루씨온

스페인 여행 100배 즐기기

세계 3대 와인 생산국

"와인이 0.92유로라니!" (한화 약 1,200)

스페인 마트에서 제일 놀라웠던 건 방대한 와인의 종류와 저렴한 가격이다. 가격이 천차만별이긴 하지만 한국과 비교해 보통 절반 이상 저렴하다. 또한 최상급 인증 DOC를 받은 리오하(Rioja) 등의 와인도 마트에 따로 코너가 있어 선물용으로도 구매하기 좋다.

1 Alella
2 Penedés
3 Pla de Bages
4 Empordà
5 Costers del Segre
6 Conca de Barberà
7 Priorat
8 Montsant
9 Terra Alta
10 Tarragona

미슐랭 레스토랑에서 와인 페어링을 예약하면 메뉴마다 음식에 어울리는 와인이 나오며, 지도를 보며 해당 지역 와인의 역사를 듣는 호사를 누릴 수 있다. 와인이 10잔이나 나오는 줄은 몰랐지만 말이다.

치즈, 그리고 하몽

스페인은 와인, 치즈 그리고 하몽의 나라다.
우리나라에서 최소 5천원은 할 치즈도
스페인에서는 1-2유로

크루아상에 하몽과 치즈만 넣어 먹어도
꽤 근사한 아침 식사가 된다.
종류도 다양하고 와인 안주로도 제격이다.

스페인은 오렌지의 나라

어딜 가나 오렌지가 주렁주렁 열려있는 스페인. 마트에 가면 즉석에서 착즙 해주는 주스를 구매할 수 있다.

병 사이즈에 따라 다르지만 대략 1-3유로의 가격

스페인에서 피부가 좋아진 건
오렌지 주스 덕분일까?

197

스페인 여행
100배 즐기기

집밥 해먹기

요리를 좋아한다면 에어비앤비나 아파트에 숙박하며 집밥을 해 먹는 것도 추천해 본다.

Pulpo Con Patata
감자를 곁들인 문어 요리

Paella de Marisco
해산물 빠에야

여행에서 알게 된 친구들에게 집밥을 대접한 시간은 스페인 여행 최고의 순간 중 하나였다!

미슐랭 레스토랑

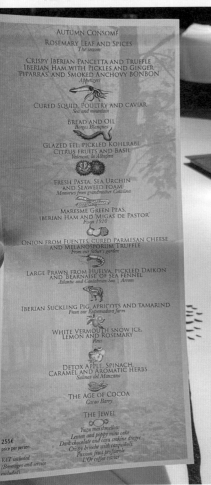

프랑스에 이어, 일본, 이탈리아, 독일 다음으로 세계에서 5번째로 미슐랭 레스토랑이 많은 스페인. 미식의 나라답게 무려 226개의 레스토랑이 있다. 내 입맛이 서민의 취향에 길들여 있기 때문인지 왁자지껄한 로컬 타파스 맛집이 생각나긴 했지만 3D 프린터로 만든 에피타이져 등 실험적인 음식에 도전해 볼 수 있었던 미학적 경험!

- 예약을 한 경우 보통 보증금 50유로 이상을 내야 한다. 이 때는 취소 불가.
- 바르셀로나는 관광 도시인만큼 드레스 코드는 까다롭지 않다. 발가락이 보이는 슬리퍼 착용만 아니면 대부분 입장 가능.
- 저녁 식사는 저녁 8시쯤 시작한다. 코스 요리로 보통 2시간 이상 소요되니 충분한 휴식을 취하고 가도록 하자.

PART 4
관광 & 쇼핑

Kelly talk!

스페인의 겨울은 꽤 춥다. 그라나다에서도 추위를 견디기 어려워
따뜻하다고 유명한 말라가로 훌쩍 당일치기 여행을 떠났다. 그림
같은 말라게타 해변에 앉아 갓 착즙한 오렌지 주스를 마시며 따
스한 햇볕을 받을 때 절로 나오던 말, "아..행복하다."
여름에 꼭 한번 다시 가고 싶은 곳.

문화(영화·박물관·미술관)

세비야의 플라멩코 박물관

❶ Museo del baile flamenco [무쎄오 델 바일레 플라멩꼬] 플라멩코 무용 박물관 *museo 박물관, baile 춤

❶ Tablao flamenco [따블라오 플라멩꼬] 플라멩코 무대 *tablao 플라멩코 무대

스페인에서 놓치지 말아야 할 플라멩코(Flamenco)

세비야는 스페인을 상징하는 플라멩코와 투우의 본고장이며 오페라 『피가로의 결혼』, 『카르멘』의 무대이기도 하다. 특히 플라멩코 춤을 이해하고 역사와 발전상을 알고 싶다면 세계 유일의 플라멩코 댄스 박물관을 방문하도록 하자. 박물관과 쇼를 같이 보면 더 저렴하고, 플라멩코 춤은 잠시도 딴 생각이 안 들 만큼 강렬하다. 길가를 지나다 보면 와인을 마시며 공연을 관람할 수 있는 소규모 공연장도 자주 볼 수 있다.

말라가의 피카소 박물관

① **Sueño y mentira** [수에뇨 이 멘띠라] 꿈과 거짓말 *sueño 꿈, mentira 거짓말

① **Ciudad de museos** [씨우닫 데 무쎄오쓰] 박물관의 도시 *ciudad 도시

② **donde habita el arte** [돈데 아비따 엘 아르떼] 예술이 살아 숨쉬는 곳 *habitar 살다/거주하다, arte 예술

③ **Museo Picasso Málaga** [무쎄오 삐까소 말라가] 말라가 피카소 박물관

추천 스페인 문화

말라가 피카소 미술관(Museo Picasso Málaga)

스페인의 천재 화가 파블로 피카소의 고향에 세워진 미술관으로 그가 남긴 유화, 드로잉, 판화, 도자기 등 약 155점의 작품을 소장하고 있다.

문화(영화·박물관·미술관)

그라나다에 있는 사크로몬테 동굴 박물관

❶ **Museo cuevas del Sacromonte** [무쎄오 꾸에바쓰 델 싸끄로몬떼] 사크로몬테 동굴 박물관
*cueva 동굴

❷ **Abierto todos los días de la semana** [아비에르또 또도쓰 로쓰 디아쓰 델 라 쎄마나]
평일 내내 열려 있음 *abierto 문을 연, día 날, la semana 주

추천 스페인 문화

사크로몬테(Sacromonte)

집시들이 언덕에 구멍을 파서 '쿠에바(Cueva)'라는 동굴집을 만들고 생활했던 곳. 그라나다를 탈환할 때 이들이 이슬람 세력을 몰아내는 데 도움을 주어 정착을 승인받았다고 한다. 이방인들의 문화를 멸시하지 않고 인정한 그라나다 사람들 덕분에 지금의 그라나다는 다양한 문화가 혼재하는 자유롭고 낭만적인 도시가 되었다.

❶ **Tickets de flamenco** [티케츠 데 플라멩꼬] 플라멩고 표

❶ **Teatro** [떼아뜨로] 극장

❷ **La historia interminable** [라 이스 또리아 인떼르미나블레] 끝없는 이야기

*la historia 이야기, interminable 끝없는

❸ **El musical** [엘 무씨깔] 뮤지컬

추천 스페인 문화

❶ **Otro Renacimiento** [오뜨로 레나 씨미엔또] 또 다른 르네상스 *otro 다른

❷ **Museo del Prado** [무쎄오 델 쁘라 도] 프라도 미술관

마드리드는 아랍어로 '물의 원천'이라는 뜻인 '마헤리트'에서 유래되었으며 1561년 펠리페 2세가 수도로 정한 후 스페인의 중심지로 발달해 왔다. 대항해 시대 '태양이 지지 않는 제국'의 수도로서 왕가와 귀족들의 수집품을 전시하는 미술관이 도심 곳곳에 있다. 특히 세계 3대 미술관 중 한 곳으로 뽑히는 '프라도 미술관'이 위치하고 있다.

문화(영화·박물관·미술관)

❶ **Entrada paseo del arte** [엔뜨라다 빠쎄오 델 아르떼] 예술의 거리 입구 *paseo 거리, 산책

❷ **Tarifa** [따리파] 요금

❸ **Acceso** [악쎄쏘] 접근, 진입로

❹ **20% de descuento sobre del las 3 entradas por separado** [베인떼 뽈 씨엔또 데 데스꾸엔또 쏘브레 델 라쓰 뜨레쓰 엔뜨라다쓰 뽀르 쎄빠라도] 개별 입장권 3장 구매 시 20% 할인

*descuento 할인, entrada 입장권, por separado 따로따로

❺ **Taquilla** [따끼야] 매표소

❶ **Información** [인포르마씨온] 정보

❷ **Audioguía** [아우디오기아] 오디오 가
이드

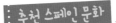

추천 스페인 문화

스페인이 이렇게 디자인 감각이 뛰어난 나라일 줄은 몰랐다.
어딜가도 도시 전체가 살아 있는 미술관 느낌. 거리 곳곳에 보
이는 세련되고 독창적인 색감의 배치는 가히 피카소의 나라
답다.

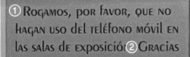

① Rogamos, por favor, que no hagan uso del teléfono móvil en las salas de exposición. ② Gracias

Please do not use your cellular phone in the galleries. Thank You

① **Rogamos, por favor, que no hagan uso del teléfono móvil en las salas de exposición.** [로가모쓰 뽀르 파보르 께 노 아간 우쏘 델 텔레포노 모빌 엔 라쓰 쌀라쓰 데 엑쓰뽀씨씨온] 전시실에서 휴대폰을 사용하지 말아 주시기 바랍니다. *rogar ~를 부탁드려요, la sala de exposición 전시장

② **Gracias** [그라씨아쓰] 감사합니다.

① **Museo Nacional** [무쎄오 나씨오날] 국립 박물관

② **Factura simplificada** [팍뚜라 씸쁠리삐까다] 간편 송장 *factura 송상

③ **Fecha de compra** [페차 데 꼼쁘라] 구매 날짜 *fecha 날짜, compra 구매

④ **Método de pago efectivo** [메또도 데 빠고 에펙띠보] 지불 방법, 현금 *método 방법, pago 지불, efectivo 현금

⑤ **Detalle de la compra** [데따예 델 라 꼼쁘라] 구매 세부사항 *detalle 세부사항, compra 구매

추천 스페인 문화

티센 보르네미스사 미술관(Thyssen Bornemisza)

개인 예술품 수집가로서는 전 세계에서 2위인 보르네미스사 남작의 수집품을 바탕으로 개관한 미술관. 반 고흐가 자살하기 두 달 전에 그린 『오베르의 베세노』등 800여 점에 달하는 세계적인 화가들의 작품을 소장하고 있어 유럽 미술사를 한눈에 볼 수 있다.

문화(영화·박물관·미술관)

❶ 4 DE ENERO EXCLUSIVAMENTE EN CINES [꾸아뜨로 데 에네로 엑스끌루씨바멘떼 엔 씨네스] 1월 4일 영화관에서 만 독점적으로 *enero 1월, exclusivamente 오직, cine 극장

❶ Presenta [쁘레쎈따] 방영하다

추천 스페인 문화

넓은 잔디에 천막과 푸드 트럭이 있어서 서커스장 같은 느낌이 들었던 스페인 뮤지컬 관람장. 스페인어를 다 이해하지 못해도 괜찮다. 워낙 감정 표현이 풍부한 스페인 사람들이라 열정적인 노래와 연기만으로도 스페인 특유의 매력을 느낄 수 있다.

가톨릭 인구가 74% 이상인 스페인에는 성당이 셀 수 없이 많다. 동네가 형성되면 광장이 들어서고 광장 한 켠에는 어김없이 성당이 자리 잡고 있다. 소도시 세고비아에 유난히 우뚝 서 있는 대성당은 16세기에 마을에서 가장 높은 지점에 세워졌는데 마을 전체를 조망할 수 있는 훌륭한 전망 포인트인 종탑이 있다. 수려한 건축양식은 물론 후기 고딕 양식 특유의 세련미와 우아함이 돋보인다.

❶ **Apego** [아뻬고] 애착

❷ **Ciclo música de cámara** [씨끌로 무씨까 데 까마라] 실내악 싸이클 *ciclo 연속 상영, música 음악

❸ **Conoce Segovia** [꼬노쎄 쎄고비아] 세고비아에 대해 알아보기 *conocer 알아가다

문화(영화·박물관·미술관)

❶ Museo del Greco [무쎄오 델 그레꼬] 그레코 박물관 *museo 박물관

❷ Entrada [엔뜨라다] 입장

❶ Fundació Joan Miró [푼다씨오 호안 미로] 호안 미로 미술관

❶ FilmoTeca [필모떼까] 필름 상영실

추천 스페인 문화

16세기 천재 화가 엘 그레코(El Greco, 1541~1614)

고야, 벨라스케스와 함께 스페인 회화 3대 거장으로 꼽히는 엘 그레코. 그가 활동할 당시에는 고전주의 양식이 유행이었기에 보이지 않는 영적인 부분까지 표현한 그의 그림을 사람들은 인정해주지 않았다. 하지만 '지금 내 작품은 인정받지 못해도 후대에 나는 스페인의 천재 화가로 전해질 것이다.'라는 그의 예언이 적중한 것일까? 사후 400년이 지난 후 엘 그레코는 천재성을 인정받았고, 현재는 인상주의와 추상주의에 영향을 준 중요한 화가 중 한 명으로 평가받고 있다.

❶ Corta el cable rojo [꼬르또 엘 까블레 로호] 붉은 색의 밧줄을 잘라 *cortar 자르다, el cable 밧줄

❶ Sellos de los museos [쎄요쓰 데 로쓰 무쎄오쓰] 박물관의 우표 *sello 우표

❶ Obra invitada del museo de bellas artes de Budapest [오브라 인비따다 델 무쎄오 데 베야스 아르떼쓰 데 부다뻬스트] 부다페스트 미술관의 초대 작품 *obra 작품, invitada 손님, bellas artes 미술, 예술

 Tip!

아트 티켓(Art ticket)

미술관 투어에 관심이 있다면 바르셀로나의 6개 주요 미술관과 박물관을 이용할 수 있는 '아트 티켓'에 주목해보자. 가격은 35 € 로 3곳 이상 방문할 때 유리하다. 홈페이지나 미술관에서 구매할 수 있으며 입장을 위해 줄을 설 필요가 없는 점이 편리하다.

211

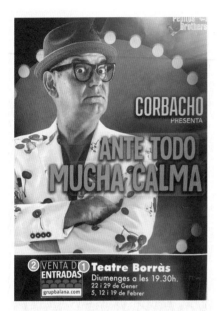

❶ Teatre Borràs [떼아뜨로 보라스] 보라스 극장 *tratre 극장

❷ Venta de entradas [벤따 데 엔뜨라다쓰] 입장권 판매 *venta 판매, entrada 입장권

❶ El tour más famoso de Europa [엘 뚜르 마쓰 파모쏘 데 에우로빠] 유럽에서 가장 유명한 투어 *el tour 투어, más famoso 가장 유명한

❷ Gran concierto de año nuevo [그란 꼰씨에르또 데 아뇨 누에보] 멋진 신년 콘서트 *gran 멋진, concierto 콘서트, año 년

❸ Más de 5 millones de espectadores [마쓰 데 씽꼬 미요네쓰 데 에스뻭따도레쓰] 500만 명 이상의 관객 *espectador 관객

❹ Prorrogado! [쁘로로가도] 연장된

바르셀로나 피카소 미술관(Museo Picasso)
스페인이 낳은 천재 화가 피카소가 그린 3,000여 점의 그림이 전시되어 있으며, 유년 시절부터 말년까지 화풍의 변천사를 알 수 있는 점이 흥미롭다. 목요일 오후 4시~9시, 매달 첫 번째 일요일, 2/12, 5/18, 9/24에는 무료 입장이 가능하다.

❶ **Teatro Apolo** [떼아뜨로 아뽈로] 아폴
로 극장

❷ **Taquilla** [따끼야] 매표소

❸ **Compra les teves entradas en**
.. [꼼쁘라 레쓰 떼베쓰 엔뜨라다쓰 엔] ~
에서 표를 구입하세요. *comprar 구입하다

❶ **Basada en el best-seller de
Javier Castillo** [바싸다 엔 엘 베스뜨
쎌러 데 하비에르 가스띠요] 하비에르 카
스티요(Javier Castillo)의 베스트셀러
원작 *basar 기반하다

❷ **La chica de nieve** [라 치까 데 니에
베] 스노우 걸 *la chica 소녀, nieve 눈

❸ **27 de gener** [베인띠씨에떼 데 헤넬]
1월 27일

호안 미로 미술관(Joan Miró Foundation)
피카소, 달리와 함께 스페인 미술 3대 거장으로 꼽히는 초현실주의 화가 호안 미로.
새, 별 등을 상형화한 그의 작품은 밝고 유머 감각이 넘치며 유쾌하다. 미술관이 몬
주익 언덕 위에 있어 옥상에서 보는 바르셀로나 시내 풍경도 멋지고 근처에서 자전
거를 타거나 가볍게 하이킹 하기도 좋다.

문장으로 말해보자.

문화 관람에서 꼭 필요한 문장 & 표현

매표소

매표소 어디예요?

¿Dónde está la taquilla de billetes?

돈데	에스따	라	따끼야	데	비예떼쓰
어디	~있다	매표소		~의	표

영업시간

영업 시간이 언제예요?

¿Cuál es su horario comercial?

꾸알	에쓰	쑤	오라리오	꼬메르씨알
어떻게	되다	당신의	영업 시간	상업의

몇 시에 열어요?

¿A qué hora abre?

아	께	오라	아브레
몇 시에			열다

몇 시에 닫아요?

¿A qué hora cierra?

아	께	오라	씨에라
몇 시에			닫다

MP3_59

시간표

시간표 어디서 봐요?

¿Dónde puedo ver el horario?

돈데	뿌에도	베르	엘	오라리오
어디	할 수 있다	보다		시간표

시간표가 달라요.

El horario es diferente.

엘	오라리오	에쓰	디페렌떼
	시간표	~이다	다른

가이드

해설사가 설명해주는 건 언제예요?

¿A qué hora empieza la explicación de guía?

아	께	오라	엠삐에싸	라	엑스쁠리까씨온	데	기아
몇 시에			시작하다		설명	~의	해설사

한국어로 된 설명 있어요?

¿Tiene una explicación en coreano?

띠에네	우나	엑스쁠리까씨온	엔	꼬레아노
가지다		설명	~로	한국어

215

문화 관람에서 꼭 필요한 문장 & 표현

브로셔

브로셔 하나 주세요.

Déme un folleto, por favor.

데메	운	포예또	뽀르 파보르
나에게 주세요		브로셔	부탁합니다

한국어 브로셔 있어요?

¿ Tiene un folleto en coreano?

띠에네	운	포예또	엔	꼬레아노
가지다		브로셔	~로	한국어

입장료

입장료가 얼마예요?

¿ Cuánto cuesta la entrada?

꾸안또	꾸에스따	라	엔뜨라다
얼마나	들다		입장

어린이 입장료는 얼마죠?

¿ Cuánto cuesta para los niños?

꾸안또	꾸에스따	빠라	로스	니뇨쓰
얼마나	들다	~대상으로		어린이

할인

할인 되나요?

¿ Hay descuento?

아이 　　데스꾸엔또

있다 　　할인

학생 할인되나요?

¿ Hay descuente para estudiantes?

아이 　　데스꾸엔떼 　　빠라 　　에스뚜디안떼쓰

있나 　　할인 　　~대상으로 　　학생

표 구매

성인 1명이에요.

Un adulto, por favor.

운 　아둘또 　　뽀르 파보르

1 　성인 　　부탁합니다

성인 4명이요.

Cuatro adultos, por favor.

꾸아뜨로 　　아둘또쓰 　　뽀르 파보르

4 　　성인들 　　부탁합니다

문장으로 말해보자.

문화 관람에서 꼭 필요한 문장 & 표현

성인 2명, 어린이 2명이요.

Dos adultos y dos niños.

도쓰	아둘또쓰	이	도쓰	니뇨쓰
2	성인	그리고	2	어린이

<u>매진 되었을 때</u>

매진 되었나요?

¿Están agotadas las entradas?

에스딴	아고따다쓰	라쓰	엔뜨라다쓰
~이다	고갈되다		입장권

자리가 나면 연락주세요.

Avísame cuando salgan billetes cancelados.

아비싸메	꾸안도	살간	비예떼쓰	깐셀라도쓰
나에게 알려주세요	~할 때	나오다	표	취소된

<u>입구 · 출구</u>

입구가 어디예요?

¿Dónde está la entrada?

돈데	에스따	라	엔뜨라다
어디	~있다		입구

출구가 어디예요?

¿Dónde está la salida?

돈데	에스따	라	쌀리다
어디	~있다		출구

출구 시간

휴식 시간이 언제인가요?

¿A qué hora es el descanso?

아	께	오라	에스	엘	데스깐쏘
몇 시에			~이나		휴식

휴식 시간은 몇 분이에요?

¿Cuánto tiempo dura el descanso?

꾸안또	띠엠뽀	두라	엘	데스깐쏘
얼마나	시간	지속되다		휴식

화장실

화장실 어디 있어요?

¿Dónde está el baño?

돈데	에스따	엘	바뇨
어디	~에 있다		화장실

문장으로 말해보자.

문화 관람에서 꼭 필요한 문장 & 표현

화장실 밖에 있나요?

¿Está el baño afuera?

에스따 엘 바뇨 아푸에라

~에 있다 화장실 밖에

소음 관련

조용히 좀 해줘요. 부탁해요.

Silencio, por favor.

씰렌씨오 뽀르 파보르

정숙 부탁합니다

말 좀 그만 하세요. 부탁해요.

Deja de hablar, por favor.

데하 데 아블라르 뽀르 파보르

~하는 것을 멈추세요 말하다 부탁합니다

휴대폰 좀 꺼주세요.

Apague su teléfono, por favor.

아빠게 쑤 뗄레포노 뽀르 파보르

꺼 주세요 당신의 전화 부탁합니다

분실물 센터

분실물 센터가 어디예요?

¿Dónde está el centro de objetos perdidos?

돈데	에스따	엘	쎈뜨로	데	옵헤또쓰	뻬르디도쓰
어디	~에 있다				분실물 센터	

전화 사용

공중 전화 어디 있어요?

¿Dónde hay un teléfono público?

돈데	아이	운	뗄레포노	뿌블리꼬
어디	~에 있다		공중 전화	

죄송하지만 전화 좀 쓸 수 있을까요?

¿Puedo hacer una llamada, por favor?

뿌에도	아쎄르	우나	야마다	뽀르 파보르
할 수 있다	하다		전화 통화	부탁합니다

[공연]

공연 시간

몇 시에 공연 시작해요?

¿A qué hora empieza el espectáculo?

아	께	오라	엠삐에싸	엘	에스뻭따꿀로
	몇 시에		시작하다		공연

문장으로 말해보자.
문화 관람에서 꼭 필요한 문장 & 표현

공연 얼마 동안 해요?

¿Cuánto tiempo dura el espectáculo?

꾸안또	띠엠뽀	두라	엘	에스뻭따꿀로
얼마나	시간	지속되다		공연

공연 시간표

이 공연 시간표가 어떻게 되나요?

¿Cuál es el horario de este espectáculo?

꾸알	에스 엘	오라리오	데	에스떼	에스뻭따꿀로
어떻게 ~되다		시간표	~의	이 공연	

다음 공연은 몇 시예요?

¿A qué hora empieza el siguiente espectáculo?

아	께	오라	엠삐에싸	엘	씨기엔떼	에스뻭따꿀로
몇 시에			시작하다		다음	공연

당일 티켓

오늘은 무슨 공연이 있어요?

¿Qué espectáculo hay hoy?

께	에스뻭따꿀로	아이	오이
무슨	공연	있다	오늘

오늘 밤 티켓 있나요?

¿Hay estradas para esta noche?

아이	엔뜨라다쓰	빠라	에스따	노체
있다	표	~로 예정된	오늘 밤	

공연 관람 중 문의

공연 시간 동안 뭐 먹어도 되나요?

¿Se puede comer durante el espectáculo?

쎄	뿌에데	꼬메르	두란떼	엘	에스뻭따꿀로
자신이	할 수 있다	먹다	~동안		공연

공연 시간 동안 사진 찍어도 되나요?

¿Se puede tomar fotos durante el espectáculo?

쎄	뿌에데	또마르	포또스	두란떼	엘	에스뻭따꿀로
자신이	할 수 있다	찍다	사진	~동안		공연

좌석

좌석 배치도 볼 수 있나요?

¿Puedo ver el plano de asiento?

뿌에도	베르	엘	쁠라노	데	아씨엔또
할 수 있다	보다		지도, 배치도	~의	좌석

문장으로 말해보자.
문화 관람에서 꼭 필요한 문장 & 표현

앞좌석으로 주세요.

Déme un asiento en las filas de delante.

데메	운	아씨엔또	엔	라쓰	필라쓰	데	델란떼
나에게 주세요	좌석		~에	열	~의	앞

중간좌석으로 주세요.

Déme un asiento en las filas del medio.

데메	운	아씨엔또	엔	라쓰	필라쓰	델	메디오
나에게 주세요	좌석		~에	열	~의	중간

뒷좌석으로 주세요.

Déme un asiento en las filas de atrás.

데메	운	아씨엔또	엔	라쓰	필라쓰	데	아뜨라쓰
나에게 주세요	좌석		~에	열	~의	뒤

<u>무대 뒤</u>

무대 뒤에 가볼 수 있나요?

¿Puedo ir entre bastidores?

뿌에도	이르	엔뜨레	바스띠도레쓰
할 수 있다	가다	무대 뒤에	

무대 뒤에서 배우들과 사진을 찍을 수 있나요?

¿Puedo tomarme fotos con los actores entre bastidores?

뿌에데	또마르메	포또쓰	꼰	로쓰	악또레쓰	엔뜨레	바스띠도레쓰
할 수 있다	사진 찍다	사진	~와		배우		무대 뒤에

연극

이건 누구의 작품인가요?

¿De quién es?

데	끼엔	에쓰
~의	누구	~이다

연극 언제 시작하나요?

¿A qué hora empieza el teatro?

아	께	오라	엠삐에싸	엘	떼아뜨로
	몇 시에		시작하다		연극

[영화]

주연배우

주연배우가 누구예요?

¿Quién es el actor principal(la actriz principal)?

끼엔	에스	엘	악또르	쁘린씨빨(라 악뜨리스 쁘린씨빨)
누구	~이다			남자 주연배우(여자 주연배우)

문화 관람에서 꼭 필요한 문장 & 표현

주연배우 유명한가요?

Es famoso(famosa) el actor principal(la actriz principal)?

에쓰	파모쏘(파모싸)	엘	악또르	쁘린씨빨(라 악뜨리스 쁘린씨빨)
~이다	유명한		남자 주연배우(여자 주연배우)	

영어 자막

영어 자막 나와요?

¿Tiene subtítulos en inglés?

띠에네	쑵띠뚤로스	엔	잉글레스
가지다	자막	~로	영어

스페인어로 살아남기 알아 두면 좋은 핵심 어휘

매표소	taquilla 따끼야
표	billete 비예떼
영업시간	horario comercial 오라리오 꼬메르씨알
설명	explicación 엑스쁠리까씨온
브로셔	folleto 포예또
입장료	entrada 엔뜨라다
할인	descuento 데스꾸엔또
매진된	agotado/a 아고따도
시작하다	empezar 엠뻬싸르
공연	espectáculo 에스뻭따꿀로
지도, 배치도	plano 쁠라노
좌석	asiento 아씨엔또
줄, 열	fila 필라
무대 뒤에서	entre bastidores 엔뜨레 바스띠도레쓰
남자 배우	(el) actor 악또르 / 여자 배우 (la) actriz 악뜨리쓰
연극	teatro 떼아뜨로
유명한	famoso/a 파모쏘
자막	subtítulo 쑵띠뚤로
출구	salida 쌀리다
휴식	descanso 데스깐쏘
화장실	baño 바뇨
사진을 찍다	tomar una foto 또마르 우나 포또

관광

❶ **Casa Asia** [까싸 아씨아] 아시아의 집

❷ **Un puente entre España y el mundo judío** [운 뿌엔떼 엔뜨레 에스빠냐 이 엘 문도 후디오] 스페인과 유대 세계를 잇는 다리 *un puente 다리, entre ~사이에, el mundo 세계, judío 유대인

❸ **Horario de exposiciones** [오라리오 데 엑스뽀씨씨오네스] 전시 시간표 *horario 시간표, exposición 전시

❶ **Paseo de las luces** [빠쎄오 데 라쓰 루쎄쓰] 빛의 거리 *luz 빛

❷ **Horario de salida** [오라리오 데 쌀리다] 출발 시간 *salida 출발

바르셀로나 축구 경기장 『캄프 누』

❶ **El fútbol como nunca antes lo has vivido** [엘 풋볼 꼬모 눈까 안떼스 로 아쓰 비비도] 한 번도 경험해보지 못한 축구 *el fútbol 축구, como ~ 같은 것, nunca 절대로 아닌, ante 전에는, ver 보다

세고비아의 성당

❶ **Catedral de Segovia** [까떼드랄 데 쎄고비아] 세고비아의 성당

❷ **Visita catedral** [비씨따 까떼드랄] 성당 방문

❸ **Visita guiada torre** [비씨따 기아다 또레] 전망대 가이드 투어 *guiada 가이드의, torre 탑/전망대

세비야의 성당

❶ **Catedral de Sevilla**
[까떼드랄 데 쎄비야] 세비야의 성당

❷ **Iglesia Sevilla** [이글레씨아 세비야]
세비야의 교회 *Iglesia 교회

❸ **En el templo** [엔 엘 뗌쁠로] 성당에서
*el templo 사원/성당/절

❹ **Durante la celebración** [두란떼 라 쎌레브라씨온] 기념행사 기간 동안
*durante 기간 동안

❶ **Visitas catedral y giralda** [비씨따쓰 까떼드랄 이 히랄다] 대성당과 히랄다탑 방문

❷ **Entradas online**
[엔뜨라다쓰 온라인] 온라인 입장권

❸ **Venta online disponible para hoy** [벤따 온라인 디스뽀니블레 빠라 오이] 온라인 판매는 오늘까지 가능
*disponible 사용할 수 있는, para ~까지, hoy 오늘

관광

① **Planos de la visita cultural** [쁠라노쓰 데 라 비씨따 꿀뚜랄] 문화 탐방 지도 *plano 지도, cultural 문화의

① **Sevilla feria de abril y fiestas primaverales** [쎄비야 페리아 데 아브릴 이 피에스따쓰 쁘리마베랄레쓰] 세비야 4월 박람회 및 봄축제 *feria 박람회/축제, abril 4월, fiesta 축제, primavera 봄

추천 스페인 관광

페리아 데 아브릴(Feria de Abril)

부활절 이후 생명의 기쁨을 즐기는 세비야에서 가장 큰 축제. 공기 중에 퍼져 있는 오렌지꽃 향기, 강렬한 생명력이 느껴지는 붉은 색 물방울 무늬의 플라멩코 드레스, 자갈길을 따라 딸각거리며 지나는 마차, 기쁨을 자아내는 춤과 경쾌한 음악, 와인 한 모금과 타파스 먹기, 스페인 최고의 투우를 보기 위해 투우장에 백백이 모인 군중. 날씨가 좋은 4월, 스페인 광장에서 가장 뜨거운 열정을 즐겨보자.

사진 출처 https://spainguides.com

그라나다에 있는 알함브라 궁전

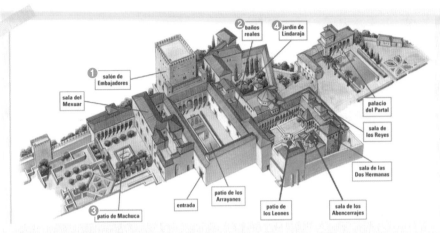

❶ **Salón de Embajadores** [쌀론 데 엠바하도레쓰] 대사의 방 *salón 거실/응접실, embajador 대사

❷ **Baños reales** [바뇨쓰 레알레쓰] 왕실 목욕탕 *baño 화장실, real 왕의

❸ **Patio de Machuca** [빠띠오 데 맞추까] 마추카 중정 *patio 안뜰

❹ **Jardín de Lindaraja** [하르딘 데 린다라하] 린다하라 정원 *jardín 정원

추천 스페인 관광

알함브라 궁전(Palacio de la Alhambra)

그라나라를 가장 아름다운 도시로 만든 이슬람 왕궁 알함브라. 1492년 가톨릭 양왕에 의해 그라나다가 함락되고 북아프리카로 가야 했던 나스르 왕조 마지막 무함마드 12세 보압딜은 '영토를 빼앗기는 것보다 알함브라 궁전을 떠나는 게 슬프구나.'라며 눈물을 흘렸다고 한다. 지금은 기독교 문화권이 된 도시에서 이슬람 궁궐을 보는 기분이 묘하다. 1870년에 국보로 지정되었고 이후 1984년에 유네스코 지정 세계문화유산이 되었다.

관광

❶ **Zona videovigilada** [쏘나 비데오비힐라다] 비디오 감시 구역 *zona 구역

❷ **La almendrita gira otoño** [라 알멘드리따 히라 오또뇨] 아몬드 나무 가을 투어 *la almendrita 아몬드 나무, gira 투어, otoño 가을

❸ **Solamente al viento** [쏠라멘떼 알 비엔또] 바람 속에서만 *solamente 오직, viento 바람

❶ **Universidad de Granada** [우니베르씨닫 데 그라나다] 그라나다 대학 *Universidad 대학

추천 스페인 관광

그라나다(Granada)

히피, 이슬람, 기독교 등의 문화가 완벽하게 공존하는 그라나다는 어느 곳을 여행하느냐에 따라 다른 시대와 문화를 체험할 수 있는 것이 큰 매력이다. 무엇을 하든 무엇을 입든 아무도 신경 쓰지 않는 자유로운 분위기의 도시에 흠뻑 빠져든다. 다양성을 온몸으로 체험할 수 있는 도시, 그라나다는 그런 곳이다.

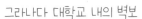

그라나다 대학교 내의 벽보   카르투하 수도원

❶ **Nueva apertura** [누에바 아뻬르뚜라] 새로운 개시 *apertura 개시

❷ **Todos los permisos de conducción** [또도쓰 로쓰 뻬르미쏘쓰 데 꼰두씨온] 모든 운전 면허증 *el permiso de conducir 운전면허증

❸ **Nuestros cursos** [누에스뜨로쓰 꾸르쏘쓰] 우리의 강의 *curso 강의

❶ **Monasterio de la cartuja** [모나스떼리오 델 라 까르투하] 카르투하 수도원
*monasterio 수도원

❷ **Horario** [오라리오] 시간표

❸ **Domingos a viernes** [도밍고쓰 아 비에르네쓰] 일요일부터 금요일까지
*domingo 일요일, viernes 금요일

❸ **Sábados** [싸바도쓰] 토요일

추천 스페인 상식

그라나다 대학교 (Universidad de Granada, UGR)
1531년에 황제 찰스 5세가 설립한 곳으로 약 8만명의 학생들을 수용하며 스페인에서 네 번째로 큰 대학이다.

관광

바르셀로나에 있는 사그라다 파밀리아

❶ Bienvenidos a la Basílca de la Sagrada Familia [비엔베니도쓰 아 라 바씰 까 델 라 싸그라다 파밀리아] 사그라다 파밀리아 성당에 오신 것을 환영합니다. *Bienvenidos a ~ 에 오신 것을 환영합니다.

추천 스페인 관광

사그라다 파밀리아(Sagrada Família)

"아....이걸 인간이 만들었다고?" 사그라다 파밀리아에 들어간 순간, 한참 동안 경외의 감탄사 외에는 아무 소리도 낼 수 없었다. 성당 내부는 자연을 모티브로 숲속을 걷는 듯한 느낌을 주도록 설계되어 있고, 햇빛에 따라 빛의 색이 달라지는 아름다움은 가히 압도적이다. 동쪽에서 동이 트면 파랑과, 초록 등의 색상으로 빛이 비추어 탄생을 비유하고 서쪽으로 해가 지면 빨강, 주홍, 노랑으로 사망을 나타낸다. 태양의 위치에 따라 다른 색이 성당 안을 가득 메우는 순간, 마법사 가우디의 지휘가 시작되는 것만 같다. 그의 철학은 건축물로 인간의 상상력을 최대한 자극하는 것이었다고. 이 때문일까? 사그라다 파밀리아 성당은 마치 금방이라도 어디론 가 움직일 듯한 모양새다.

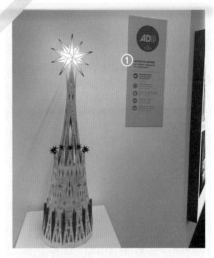

❶ El projecte de tota una vida
[엘 쁘로헥떼 데 또따 우나 비다] 인생
전부의 프로젝트(까딸란어 Catalan) *el
proyecto 프로젝트

❶ Las torres centrales [라스 또레쓰
쎈뜨랄레쓰] 중앙 탑 *central 중앙의

구엘 공원(Park Güell)

인간의 실존적 불안을 나타내기라도 하듯 위태롭게 기울어져 있는 층계, 신비롭고 초현실적인 꾸불꾸불한 길과 건물, 자연미를 살린 석굴과 대비되는 거칠게 장식한 난간 장식의 묘한 조화. 지중해와 바르셀로나 전경이 한눈에 보이는 구엘공원은 마치 동화 속 나라에 들어온 환상을 불러 일으킨다. 가우디의 후원자였던 구엘이 설계를 의뢰해 1886~1890년에 지어진 집으로 사그라다 파밀리아 성당과 함께 가우디의 천재성을 유감없이 보여주는 작품.

스페인어로 살아남기

문장으로 말해보자.
관광 상황에 꼭 필요한 문장 & 표현

안내소

안내소가 어디예요?

¿Dónde está la información turística?

돈데	에스따	라	인포르마씨온	뚜리스띠까
어디	~있다		안내소	

지도

지도 있어요?

¿Tiene un mapa?

띠에네	운	마빠
가지다	지도	

출발 · 도착시간

출발이 언제예요?

¿A qué hora es la salida?

아	께	오라	에쓰	라	쌀리다
	몇 시에		~이다		출발

도착이 언제예요?

¿A qué hora es la llegada?

아	께	오라	에쓰	라	예가다
	몇 시에		~이다		도착

MP3_66

예약 취소 및 변경

예약 취소하고 싶어요.

Quiero cancelar mi reserva.

끼에로	깐쎌라르	미	레쎄르바
원하다	취소하다	나의	예약

위약금이 있나요?

¿ Hay coste de cancelación?

아이	꼬스떼	데	깐쎌라씨온
있다	비용	~의	취소

예약을 내일로 변경할게요.

Quiero cambiar mi reserva para mañana.

끼에로	깜비아르	미	레쎄르바	빠라	마냐나
원하다	변경하다	나의	예약	~로	내일

사진찍기

사진 찍어도 되나요?

¿ Puedo tomar fotos?

뿌에도	또마르	포또쓰
할 수 있다	찍다	사진

문장으로 말해보자.
관광 상황에 꼭 필요한 문장 & 표현

사진 한 장만 찍어주실래요?

¿Me puede tomar una foto, por favor?

메	뿌에데	또마르	우나	포또	뽀르 파보르
나에게	해주다	찍다	사진		부탁하다

이거랑 같이 찍어 주세요.

Tómame una foto con esto, por favor.

또마메	우나	포또	꼰	에스또	뽀르 파보르
나에게 찍어주다	사진		~와	이것	부탁합니다

같이 사진 찍을 수 있을까요?

¿Podemos tomarnos una foto juntos?

뽀데모쓰	또마르노쓰	우나	포또	훈또쓰
할 수 있다	우리와 찍다	사진		같이

잘 나왔나요?

¿Está bien?

에스따	비엔
~상태이다	좋은

238

죄송하지만 한 번만 더 찍어 주실래요?

Perdón, pero ¿ la puede repetir?

뻬르돈	뻬로	라	뿌에데	레뻬띠르
죄송합니다	하지만	그것을 할 수 있다		반복하다

저도 찍어 드릴까요?

¿ Quieren también?

끼에렌	땀비엔
원하다	~도 역시

여기 사진이 잘 나와요.

Su foto va a salir genial aquí.

쑤	포또	바	아	쌀리르	헤니알	아끼
당신의	사진	~할 것이다		나오다	멋진, 훌륭한	여기

인생샷이에요!

La mejor foto!

라	메호르	포또
	최고의	사진

스페인어로 살아남기

문장으로 말해보자.
관광 상황에 꼭 필요한 문장 & 표현

관광명소

관광명소 추천

여기의 관광명소는 무엇입니까?

¿Cuáles son las atracciones turísticas de aquí?

꾸알레쓰	쏜	라쓰	아뜨라씨오네쓰	뚜리스띠까쓰	데	아끼
어떤 것	~이다		관광 명소		~의	여기

여기에 제일 유명한 관광명소가 어떤 건가요?

¿Cuál es el lugar turístico más famoso de aquí?

꾸알	에스	엘	루가르	뚜리스띠꼬	마쓰	파모쏘	데	아끼
어떤 것	~이다		관광지		가장	유명한	~의	여기

보는 시간이 적게 걸리는 건 뭐죠?

¿Cuál es el que lleva menos tiempo de ver?

꾸알	에스	엘	께	예바	메노쓰	띠엠뽀	데	베르
어떤 것	~이다		무엇	걸리다	적게	시간	~의	보다

투어 문의

투어 종류 문의

어떤 투어 프로그램이 있어요?

¿Qué tipo de tours tienen?

께	띠뽀	데	뚜르스	띠에넨
어떤	종류	~의	투어	가지다

투어 시간 문의

투어 시간이 얼마나 되나요?

¿Cuánto dura el tour?

꾸안또	두라	엘	뚜르
얼마나	지속되다	투어	

다음 투어는 언제인가요?

¿Cuándo es el siguiente tour?

꾸안도	에스	엘	씨기엔떼	뚜르
언제	~이다	다음		투어

가이드 투어

오늘 가이드 투어가 있나요?

¿Hay un tour con guía hoy?

아이	운	뚜르	꼰	기아	오이
있다		투어	~와 함께	가이드	오늘

241

문장으로 말해보자.
관광 상황에 꼭 필요한 문장 & 표현

한국어 통역사 있어요?

¿Hay algún intérprete coreano?

아이	알군	인떼르쁘레떼	꼬레아노
있다	어떤	통역사	한국어의

시티 투어

시티 투어 예약할게요.

Quiero reservar el recorrido por la ciudad.

끼에로	레쎄르바르	엘	레꼬리도	뽀르	라	씨우닫
원하다	예약하다		투어	~에		도시

시티 투어 표 남았어요?

¿Quedan billetes para el recorrido por la ciudad?

께단	비예떼스	빠라	엘	레꼬리도	뽀르	라	씨우닫
남다	표	~를 위한		투어	~에		도시

시티 투어 지도 있어요?

¿Tiene un mapa para el recorrido por la ciudad?

띠에네	운	마빠	빠라	엘	레꼬리도	뽀르	라	씨우닫
가지다	지도	~용의			투어	~에		도시

MP3_69

수영

썬베드 빌리고 싶어요.

Quiero una silla de playa.

끼에로	우나	씨야	데	쁠라야
원하다		의자	~의	해변

비치 타월 2장 주세요.

Dos toallas de playa, por favor.

도쓰	또아야쓰	데	쁠라야	뽀르 파보르
2	수건	~의	해변	부탁합니다

낚시

오늘 낚시하러 갈까요?

¿Vamos a ir de pesca hoy?

바모쓰	아 이르	데	뻬스까	오이
~합시다	가다	~의	낚시, 물고기	오늘

잡았다.

¡Lo tengo!

로	뗑고
그것을	갖다.

스페인어로
살아남기

문장으로 말해보자.
관광 상황에 꼭 필요한 문장 & 표현

월척이다!

¡Es un pez gordo!

에쓰	운	뻬쓰	고르도
~이다		물고기	큰

해양 액티비티

스노쿨링 장비를 빌리고 싶어요.

Quiero alquilar un equipo de snorkel.

끼에로	알낄라르	운	에끼뽀	데	스노르껠
원하다	대여하다	장비		~의	스노쿨링

물고기 많나요?

¿Hay muchos peces?

아이	무초쓰	뻬쎄쓰
있다	많은	물고기

서핑하러 가요!

¡Vamos a surfear!

바모쓰	아	쑤르페아르
~하자		서핑하다

244

춤

저는 춤추는 걸 좋아해요.

Me gusta bailar.

메　　구스따　　바일라르

나는 ~를 좋아한다　춤을 추다

저는 몸이 유연해요.

Tengo mucha flexibilidad.

떼고　　　무차　　　플렉씨빌리닫

가지다　　　많은　　　유연함

춤 강습

춤 가르쳐 줄 수 있어요?

¿Me puede enseñar a bailar?

메　　뿌에데　　엔쎄냐르　　아　바일라르

나에게　할 수 있다　~를 가르치다　춤추다

춤 보여 주세요.

Enséñeme como bailar.

엔쎄녜메　　　꼬모　　　바일라

나에게 보여주세요　어떻게　춤을 추는지

스페인어로
살아남기

문장으로 말해보자.

관광 상황에 꼭 필요한 문장 & 표현

MP3_71

엄청 멋져요!

¡ Ha sido increíble!

아　　씨도　　인끄레이블레

～이 되다　　믿을 수 없는

알아 두면 좋은
핵심 어휘

안내소	información turística 인포르마씨온 뚜리스띠까
다시 한 번 말씀해주세요	perdón 뻬르돈
관광명소	lugar turístico 루가르 뚜리스띠꼬
시티 투어	recorrido por la ciudad 레꼬리도 뽀르 라 씨우닫
한국어 통역사	intérprete coreano 인떼르쁘레떼 꼬레아노
한국어 브로셔	folleto en coreano 포예또 엔 꼬레아노
~하러 가자	vamos a 바모쓰 아
가우디 가이드	guía de Gaudi 기아 데 가우디
서핑하다	surfear 쑤르페아르
수영을 하다	nadar 나다르
춤추다	bailar 바일라르
살사댄스를 배우다	aprender a bailar salsa 아쁘렌델 아 바일랄 쌀싸
스키를 타다	esquiar 에스끼야르
수상 스키를 타다	ir en moto de agua 이르 엔 모또 데 아구아
마라톤을 하다	correr un maratón 꼬레르 운 마라똔
골프를 치다	jugar al golf 후갈 알 골프
암벽등반을 하다	escalar 에스깔라르
자전거를 타다	montar en bicicleta 몬따르 엔 비씨끌레따
믿을 수 없는	increíble 인끄레이블레

❶ **Alimentación** [알리멘따씨온] 식품

❶ **Compra** [꼼쁘라] 사다

❷ **¡Gratis!** [그라띠스] 무료의

❶ **La librería** [라 리브레리아] 서점

❷ **Libros de Madrid** [리브로쓰 데 마드릳] 마드리드의 책 *libro 책

❸ **Conocer Madrid** [꼬노쎄르 마드릳] 마드리드를 알다

:: 추천 스페인 쇼핑

마드리드 쇼핑

마드리드의 마요르 광장 주변에는 스페인을 대표하는 기념품을 파는 상점들이 즐비하게 늘어서 있다. 솔 광장 근처에는 엘코르테 잉글레스(El Corte Inglés) 백화점이 있고 그란 비아 일대를 가면 Zara를 비롯한 옷가게와 신발, 악세서리 가게가 가득하다. 프라도 미술관 위쪽 살라망카 지구에 있는 Serrano거리에는 고급 브랜드 숍이 모여 있다.

❶ Damasquinos y grabados [다마스끼노쓰 이 그라바도쓰] 다마스쿠스와 판화 *grabados 판화/삽화

❶ Rebaja [레바하] 할인

❷ Ropa y calzado [로빠 이 깔싸도] 의류와 신발 *ropa 의류, calzado 신발

❸ Complementos [꼼쁠레멘또쓰] 액세서리/자질구레한 물건

❶ Pintura en seda [삔뚜라 엔 쎄다] 실크 페인팅 *pintura 그림, seda 실크

❶ Todo con descuento [또도 꼰 데스꾸엔또] 모두 할인 *descuento 할인

❶ **Nos trasladamos** [노스 뜨라스라 다모쓰] 우리는 이전했습니다. *trasladar 이동하다

❷ **Compro oro y plata** [꼼쁘로 오 로 이 쁠라따] 금과 은을 삽니다. *oro 금. plata 은

❶ **Antigüedades** [안띠구에다데쓰] 골 동품

❶ **Regalos** [레갈로쓰] 선물

❶ **Pantalón** [빤딸론] 바지
❷ **Vestido** [베스띠도] 원피스

❶ **Borrador** [보라도르] 지우개, 컨실러

❷ **Corrector larga duración** [꼬렉또르 라르가 두라씨온] 오래 지속되는 컨실러 *corrector 수정액, larga 긴, duración 기간

❸ **Cobertura alta** [꼬베르뚜라 알따] 높은 커버력 *cobertura 커버력, alta 높은

❶ **Ascensor** [아쎈쏠] 엘리베이터

❷ **Salida** [쌀리다] 출구

❶ **Chándal** [찬달] 상하 운동복

❷ **Cortavientos** [꼬르따비엔또쓰] 바람막이

세비야 쇼핑

마시모두띠, 망고, 자라, 캠퍼 등 스페인을 대표하는 브랜드들이 세비야에도 매장을 두고 있다. 한국에 비해 저렴하고 제품 종류도 다양해 쇼핑하기 좋은 곳이다. 스페인에서 네 번째로 큰 도시답게 유명 브랜드 외에도 지역을 대표하는 특산물, 기념품 가게가 많고 특히 투우와 플라멩코 관련 제품은 스페인에서 최고다. 현지인들이 즐겨 찾는 백화점과 상점은 누에바 광장(Plaza Nueva) 주변에 모여 있다.

쇼핑

❶ **Desigual** [데씨구알] 똑같지 않은

❶ **Casa idea** [까싸 이데아] 아이디어 하우스 *casa 집

❶ **Nada** [나다] 아무 것도 아닌 것

❶ **Lapices con goma** [라피쎄쓰 꼰 고마] 고무 연필 *lápiz 연필, goma 고무

❷ **Marcadores fluorescentes** [마르까도레쓰 플로레쎈떼쓰] 형광 마커
*fluorescente 형광의

❸ **Ahorro** [아오로] 절약

❹ **Sacapuntas de plástico** [싸까뿐따쓰 데 쁠라스띠꼬] 플라스틱 연필깎이
*sacapunta 연필깎이

❶ **Mes** [메쓰] 달(개월)

❷ **Edad** [에닫] 나이

❶ Talla [따야] 사이즈

❶ Recortador de cejas [레꼬르따도르 데 쎄하쓰] 눈썹 칼 *recortadora 커터, ceja 눈썹

❶ Mascarilla higiénica [마스까리야 이히에니까] 위생 마스크 *higiénica 위생의

❷ Reutilizable [레우띨리싸블레] 재사용 할 수 있는

❶ Botín [보띤] 반장화

스페인의 대표 브랜드 Zara. 현지에서는 한국의 약 60%정도의 가격 으로 구매가 가능하다. 게다가 세일까지 하니 거의 반값 이상 싸서 그야말로 쇼핑의 천국이다. 우리나라와 달리 독특한 디자인의 옷들이 많아 보는 재미가 쏠쏠하다.

쇼핑

❶ Grapas [그라빠쓰] 종이 찍개(스탬플러)

❶ Pegamento de cinta [뻬가멘또 데 씬따] 테이프 접착제 *pegamento 접착제, cinta 테이프

❶ Música [무씨까] 음악

❷ Casa Beethoven [까싸 베또벤] 베토벤 하우스

❶ Magdalenas [막달레나쓰] 컵케이크

❶ Si no queda satisfecho, le devolvemos su dinero. [씨 노 께다 싸띠스페초 레 데볼베모스 쑤 디네로] 만족스럽지 않으면 환불해 드립니다. *si 만약~이라면, queda ~ 의 상태가 되다, satisfecho 만족한, devolver 환불해주다, dinero 돈

① Por favor, espera aquí. [뿌르 파
보르 에스뻬라 아끼] 여기서 기다리세요.
*esperar 기다리다, aquí 여기서

**① El poder
del ahora**
[엘 뽀데르 델
아오라] 지금의
힘 *el poder 힘,
ahora 지금

① Autoajuda
[아오또아유다]
자기계발

① La espera
[라 에스뻬라]
기다림

**① Edició en
Catalá** [에디
씨오 엔 까딸
라] 카탈루냐어
판

① Primera plana [쁘리메라 쁠라나] 첫
페이지 *primera 첫

② Recomendamos [레꼬멘다모쓰]
추천합니다

③ Todo arde [또도 아르데] 모든 것이
불타오른다 *arder 불태우다

④ En la sombra [엔 라 쏨브라] 그늘에
서 *la sombra 그림자

⑤ Viajes [비아헤쓰] 여행

⑥ Novias [노비아쓰] 신부

⑦ Cuando era divertido [꾸안도 에
라 디베르띠도] 즐거웠을 때 *divertido 재
미있는

⑧ Tiendas [띠엔다쓰] 가게

255

쇼핑

❶ Crecimiento y Espiritualidad [끄레씨미엔또 이 에스뻬리뚜알리닫] 성장과 영성

❶ Piensa bonito [삐엔싸 보니또] 좋게 생각 하세요 *pensar 생각하다, bonito 좋은, 예쁜

❷ La revolución de la glucosa [라레볼루씨온 데 라 글루꼬싸] 포도당 혁명 *glucosa 포도당

❸ A solas [아 쏠라쓰] 혼자

❹ Cambia tu vida [깜비아 뚜 비다] 인생을 바꿔라 *cambiar 바꾸다, vida 인생

❺ Ser feliz es urgente [쎄르 펠리쓰 에쓰 우르헨떼] 행복이 급선무다 *ser ~이 되다, feliz 행복한, urgente 긴급한

❶ Sigo siendo yo [씨고 씨엔도 요] 난 여전히 나야 *seguir 계속하다

❶ Sociología [쏘씨올로히아] 사회학

❶ Hygge [휘게] 휘게
*편안함, 따뜻함, 아늑함,
안락함을 뜻하는 덴마크어

❷ La felicidad en (las)
pequeñas cosas [라
펠리씨닫 엔 라스 뻬께냐
쓰 꼬싸쓰] 작은 것들에 대
한 행복 *la felicidad 행복,
pequeña 작은, cosa 것

❶ El poder de los
introvertidos [엘
뽀데르 데 로쓰 인뜨로
베르띠도쓰] 내향적인
사람들의 힘 *el poder
힘, los introvertidos 내
성적인 사람들

❶ Pensar rápido
Pensar despacio
[뻰싸르 라삐도 뻰사르
데스빠씨오] 빨리 생각
하다, 천천히 생각하다
*한국도서명 : 생각에
관한 생각 *pensar 생각
하다, despacio 천천히

❶ Construye tu
hogar interior
[꼰스뚜루예 뚜 오가르
인떼리오르] 내실을 기
르세요. *construir 건설
하다, hogar 집, interior
내부의

❷ Volver a casa [볼베
르 아 까싸] 집으로 돌
아가기 *volver 돌아가다

❶ Padre rico Padre
pobre [빠드레 리
꼬 빠드레 뽀브레] 부
자 아빠 가난한 아빠
*padre 아버지, rico 부자
의, pobre 가난한

스페인어로
살아남기

문장으로 말해보자.
쇼핑에 꼭 필요한 문장 & 표현

둘러보기

그냥 둘러보고 있어요.

Solo estoy mirando.

쏠로	에스또이	미란도
단지	~하는 중이다	보고 있다

혼자 볼게요.

Voy a dar una vuelta.

보이	아	다르	우나	부엘따
~할 것이다	~하다		한 바퀴 도는 것	

도움이 필요하면 부를게요. 감사합니다.

Le aviso cuando necesite su ayuda. Gracias.

레	아비쏘	꾸안도	네쎄씨떼	쑤	아유다	그라씨아쓰
당신에게 알리다		~할 때	필요하다	당신의	도움	감사하다

상품 문의

저것 좀 볼 수 있나요?

¿Lo puedo ver?

로	뿌에도	베르
그것, 저것	할 수 있다	보다

MP3_72

다른 색상

색깔 다른 거 있어요?

¿Tiene esto de otro color?

띠에네	에스또	데	오뜨로	꼴로르
가지다	이것	~의	다른	색상

미진열 상품

진열 안 되어 있던 거 있어요?

¿Tiene uno que no sea de muestra?

띠에네	우노	께	노	쎄아	데	무에스뜨라
가지다	하나	~하는	~가 아닌	~인	~의	샘플

인기 상품

가장 잘 나가는 00가 어떤 거예요?

¿Cuál es ~ que se vende más?

꾸알	에스	~	께	쎄	벤데	마쓰
어떤 것	~이다 ~		~한		팔리다	가장

259

문장으로 말해보자.

쇼핑에 꼭 필요한 문장 & 표현

가격 · 할인 문의

얼마예요?

¿Cuánto es?

꾸안또   에쓰

얼마   ~이다

이거 세일해요?

¿Esto está rebajado?

에스또   에스따   레바하도

이거   ~이다   할인된

할인 되나요?

¿Me puede dar un descuento?

메   뿌에데   다르   운   데스꾸엔또

나에게   할 수 있다   주다   할인

이 쿠폰 쓸 수 있나요?

¿Puedo usar este cupón?

뿌에도   우싸르   에스떼   꾸뽄

할 수 있다   사용하다   이~   쿠폰

1+1

이거 1+1인가요?

¿ Es dos por uno?

에쓰　도쓰　뽀르　우노

~이다　2　~에　1

*dos por uno : 1+1

쇼핑백

쇼핑백이 필요해요.

Quiero una bolsa de papel.

끼에로　우나　볼싸　데　빠뻴

원하다　가방, 봉지　~의　종이

사은품

사은품 있나요?

¿ Dan un regalo?

단　운　레갈로

주다　선물, 경품

문장으로 말해보자.

쇼핑에 꼭 필요한 문장 & 표현

포장하기

포장해 주세요.

Envuélvalo, por favor.

엔부엘발로	뽀르 파보르
그것을 포장해 주세요	부탁합니다

결제하기

줄 서 계신 건가요?

¿Está en la fila?

에스따	엔	라	필라
있다	~에		줄

할인 쿠폰 있어요.

Tengo un cupón de descuento.

뗑고	운	꾸뽄	데	데스꾸엔또
가지다	쿠폰		~의	할인

계산할게요.

Me gustaría pagar.

메	구스따리아	빠가르
	하고 싶다	지불하다

교환 · 환불

다른 것으로 교환할 수 있나요?

¿Puedo cambiarlo por otro?

뿌에도	깜비아를로	뽀르	오뜨로
할 수 있다	그것을 바꾸다	~로	다른

환불하고 싶어요.

Quiero una devolución.

끼에로	우나	데볼루씨온
원하다		환불

결제 취소해 주세요.

Cancele mi pago, por favor.

깐쎌레	미	빠고	뽀르	파보르
취소해 주세요	나의	지불		부탁합니다

영수증

영수증 주세요.

Quiero el recibo.

끼에로	엘	레씨보
원하다		영수증

스페인어로
살아남기

문장으로 말해보자.
쇼핑에 꼭 필요한 문장 & 표현

택스 리펀

택스 리펀 받고 싶어요.

Quiero la devolución de impuestos.

끼에로	라	데볼루씨온	데	임뿌에스또쓰
원하다	환급		~의	세금

의류

사이즈

이거 다른 사이즈로 있나요?

¿Lo tienen en otra talla?

로	띠에넨	엔	오뜨라	따야
그것	가지다	~로	다른	사이즈

제 스페인 사이즈를 모르겠어요.

No sé mi talla española.

노	쎄	미	따야	에스빠뇰라
~가 아닌	알다	나의	사이즈	스페인의

좀 작네요.

Es un poco pequeño.

에쓰	운	뽀꼬	뻬께뇨
~이다	조금		작은

264

너무 작아요.

Es demasiado pequeño.

에쓰	데마씨아도	뻬께뇨
~이다	너무	작은

좀 크네요.

Es un poco grande.

에쓰	운	뽀꼬	그란데
~이다	조금		큰

너무 커요.

Es demasiado grande.

에쓰	데마씨아도	그란데
~이다	너무	큰

딱 맞아요.

Me queda perfecto.

메	께다	뻬르펙또
나에게	상태가 되다	딱 맞는

문장으로 말해보자.
쇼핑에 꼭 필요한 문장 & 표현

후드티

후드티 어디 있어요?

¿Dónde están las sudaderas?

돈데	에스딴	라쓰	쑤다데라스
어디에	있다		후드티, 운동복

트레이닝 상의

트레이닝 상의 있어요?

¿Tiene sudaderas de deporte?

띠에네	쑤다데라쓰	데	데뽀르떼
가지다	운동용 셔츠	~의	운동

셔츠

셔츠 보려고요.

Quiero ver unas camisas.

끼에로	베르	우나쓰	까미싸쓰
원하다	보다	몇 벌	셔츠

줄무늬 셔츠 볼게요.

Quiero ver unas camisas de rayas.

끼에로	베르	우나쓰	까미사쓰	데	라야쓰
원하다	보다	몇 벌	셔츠	~의	줄무늬

땡땡이 셔츠 볼게요,

Quiero ver unas camisas de puntos.

끼에로	베르	우나쓰	까미싸쓰	데	뿐또쓰
원하다	보다	몇 벌	셔츠	~의	점

바지

(무릎 위의)반바지 있어요?

¿Tiene shorts?

띠에네	쇼룻츠
가지다	반바지

(무릎 또는 아래 길이의)반바지 있어요?

¿Tiene bermudas?

띠에네	베르무다쓰
가지다	반바지

청바지 보려고요,

Quiero ver unos pantalones, por favor.

끼에로	베르	우노쓰	빤딸로네쓰	뽀르 파보르
원하다	보다	몇 벌	바지, 청바지, 여성용 팬티	부탁합니다

문장으로 말해보자.
쇼핑에 꼭 필요한 문장 & 표현

트레이닝 바지 있어요?

¿Tiene pantalones de deporte?

띠에네	빤딸로네쓰	데	데뽀르떼
가지다	바지	~의	운동

치마

치마 보려고요.

Quiero ver unas faldas.

끼에로	베르	우나쓰	팔다쓰
원하다	보다		치마

짧은 치마 있어요?

¿Tienes minifalda?

띠에네스	미니팔다
가지다	미니 스커트

긴 치마 있어요?

¿Tiene faldas largas?

띠에네	팔다쓰	라르가쓰
가지다	치마	긴

원피스

원피스 있어요?

¿Tiene vestidos?

띠에네	베스띠도쓰
가지다	원피스

넥타이

넥타이 좀 보려고요.

Quiero ver unas corbatas.

끼에로	베르	우나쓰	꼬르바따쓰
원하다	보다		넥타이

입어보기

이거 입어볼게요(신어볼게요).

Quiero probarme esto.

끼에로	쁘로바르메	에스또
원하다	입어보다(신어보다)	이것

몇 개 입어볼 수 있어요?

¿Cuántos puedo probarme?

꾸안또쓰	뿌에도	쁘로바르메
몇 개	할 수 있다	입어보다

269

문장으로 말해보자.
쇼핑에 꼭 필요한 문장 & 표현

탈의실 어디예요?

¿Dónde está el probador?

돈데	에스따	엘	쁘로바도르
어디에	있다		탈의실

다른 거 입어볼게요.

Quiero probarme otro.

끼에로	쁘로바르메	오뜨로
원하다	입어보다	다른 것

신발

샌들을 사야 해요.

Quiero comprar unas sandalias.

끼에로	꼼쁘라르	우나쓰	싼달리아쓰
원하다	구매하다	한 켤레	샌들

굽 높은 구두 있나요?

¿Tienen zapatos de tácon alto?

띠에넨	싸빠또쓰	데	따꼰	알또
가지다	구두	~의		굽 높은

270

시계

손목시계 보려고요.

Quiero ver relojes.

끼에로	베르	렐로헤쓰
원하다	보다	시계

여성용으로요.

Para mujer, por favor.

빠라	무헤르	뽀르 파보르
~용의	여성	부탁합니다

남성용으로요.

Para hombre, por favor.

빠라	옴브레	뽀르 파보르
~용의	남성	부탁합니다

어린이용으로요.

Para un niño, por favor.

빠라	운	니뇨	뽀르 파보르
~용의	어린이		부탁합니다

문장으로 말해보자.
쇼핑에 꼭 필요한 문장 & 표현

가방 · 지갑

지갑 보여 주세요.

Muéstreme carteras, por favor.

무에스뜨레메	까르떼라쓰	뽀르 파보르
나에게 보여 주세요	지갑	부탁합니다

남자 지갑 보여 주세요.

Muéstreme unas carteras para hombre, por favor.

무에스뜨레메	우나쓰	까르떼라쓰	빠라	옴브레	뽀르 파보르
나에게 보여 주세요	몇 개	지갑	~용의	남성	부탁합니다

여자 지갑 좀 보여 주세요.

Muéstreme unas carteras para mujer, por favor.

무에스뜨레메	우나쓰	까르떼라쓰	빠라	무헤르	뽀르 파보르
나에게 보여 주세요	몇 개	지갑	~용의	여성	부탁합니다

가방 보려고요.

Quiero ver bolsos.

끼에로	베르	볼쏘쓰
원하다	보다	가방

클러치 좀 보여 주세요.

Muéstreme unas carteras de mano, por favor.

무에스뜨레메	우나스	까르떼라스	데	마노	뽀르 파보르
나에게 보여 주세요	몇 개	지갑	~의	손	부탁합니다

핸드백 좀 보여 주세요.

Muéstreme los bolsos, por favor.

무에스뜨레메	로스	볼쏘쓰	뽀르 파보르
나에게 보여 주세요		지갑, 손가방, 핸드백	부탁합니다

화장품

화장품 코너 문의

화장품 코너 어디예요?

¿ Dónde está la sección de cosméticos?

돈데	에스따 라	쎅씨온	데	꼬스메띠꼬스
어디에	있다	판매대	~의	화장품

피부 타입

전 민감성 피부예요.

Tengo la piel sensible.

뗑고	라	삐엘	쎈씨블레
가지다		피부	민감한

문장으로 말해보자.
쇼핑에 꼭 필요한 문장 & 표현

전 지성 피부예요.

Tengo la piel grasa.

뗑고	라	삐엘	그라싸
가지다	피부	기름진	

전 건조한 피부예요.

Tengo la piel seca.

뗑고	라	삐엘	쎄카
가지다	피부	건조한	

기초 제품

화장솜 있나요?

¿Tienen algodones desmaquillantes?

띠에넨	알고도네쓰	데스마끼얀떼쓰
가지다	솜	클렌징

스킨을 찾고 있어요.

Quiero un tónico.

끼에로	운	또니꼬
원하다	스킨	

274

지성 피부용 로션 있나요?

¿ Tienen una crema?

띠에넨   우나   끄레마

가지다   로션

향수

향수 좀 볼게요.

Quiero ver perfumes.

끼에로   베르   뻬르푸메쓰

원하다   보다   향수

이거 시향해 볼게요.

Quiero probarme esto.

끼에로   쁘로바르메   에스또

원하다   테스트하다   이것

상큼한 향 있어요?

¿ Tiene uno de fragancia fresca?

띠에네   우노   데   프라간씨아   프레스까

가지다   하나   ~의   향   시원한, 싱싱한, 상큼한

쇼핑에 꼭 필요한 문장 & 표현

각종 화장품

립스틱 보여주세요.

Muéstreme los pintalabios, por favor.

무에스뜨레메	로쓰	삔딸라비오쓰	뽀르 파보르
보여 주세요		립스틱	부탁합니다

파운데이션 보여주세요.

Muéstreme las bases de maquillaje, por favor.

무에스뜨레메	라쓰	바쎄쓰	데	마끼야헤	뽀르 파보르
보여 주세요		기초	~의	화장	부탁합니다

마스카라 보여주세요.

Muéstreme las máscaras, por favor.

무에스뜨레메	라쓰	마스까라쓰	뽀르 파보르
보여 주세요		마스카라	부탁합니다

기념품

선물 가게 문의

선물 가게 어디 있어요?

¿Dónde hay una tienda de regalos?

돈데	아이	우나	띠엔다	데	레갈로쓰
어디에	있다	상점		~의	선물

MP3_81

기념품 구입

기념품 사려고요.

Quiero comprar unos recuerdos.

끼에로   꼼쁘라르   우노쓰   레꾸에르도쓰

원하다   구입하다   기념품

전통적인 물건

전통적인 물건 있어요?

¿Tiene algo tradicional?

띠에네   알고   뜨라디씨오날

가지다   어떤 것   전통적인

전통적인 음식 있어요?

¿Tiene alguna comida tradicional?

띠에네   알구나   꼬미다   뜨라디씨오날

가지다   어떤   음식   전통적인

추천 요청

여기서 가장 선물하기 좋은 게 뭐예요?

¿Qué es lo mejor de aquí para regalar?

께   에스 로   메호르   데   아끼   빠라   레갈라르

무엇 ~이다   가장 좋은 것   ~에서   여기   ~용으로   선물하다

277

문장으로 말해보자.

쇼핑에 꼭 필요한 문장 & 표현

MP3_82

이 지역에서 유명한 게 뭐예요?

¿Qué es lo más famoso de esta localidad?

께	에쓰	로	마쓰	파모쏘	데	에스따	로깔리닫
무엇	~이다		가장	유명한 것	~에서		이 지역

부모님 선물 추천해 주세요.

Recomiéndeme un regalo para mis padres, por favor.

레꼬미엔데메	운	레갈로	빠라	미쓰	빠드레쓰	뽀르 파보르
추천해 주세요		선물	~를 위한	나의 부모님		부탁합니다

남자친구 선물 추천해 주세요.

Recomiéndeme un regalo para mi novio, por favor.

레꼬미엔데메	운	레갈로	빠라	미	노비오	뽀르 파보르
추천해 주세요		선물	~를 위한	나의	남자친구	부탁합니다

여자친구 선물 추천해 주세요.

Recomiéndeme un regalo para mi novia, por favor.

레꼬미엔데메	운	레갈로	빠라	미	노비아	뽀르 파보르
추천해 주세요		선물	~를 위한	나의	여자친구	부탁합니다

알아 두면 좋은
핵심 어휘

한 바퀴 돌아보다	**dar una vuelta** 다르 우나 부엘따
이거 있어요?	¿ **tiene esto**? 띠에네 에스또?
할인된	**rebajado** 레바하도
사이즈	**talla** 따야
조금	**un poco** 운 뽀꼬
완벽한, 딱 맞는	**perfecto** 뻬르펙또
티셔츠	**camiseta** 까미쎄따
반바지	**short** 쇼르트
청바지	**vaqueros** 바께로스
원피스	**vestido** 베스띠도
입어볼게요	**quiero probarme** 끼에로 쁘로바르메
탈의실	**probador** 쁘로바도
구두	**zapato** 싸빠또
시계	**reloj** 렐로흐
지갑	**cartera** 까르떼라
돈지갑, 손가방, 핸드백	**bolso** 볼쏘
화장품	**cosmético** 꼬스메띠꼬
스킨	**tónico** 또니꼬
로션	**crema** 끄레마
추억, 기념품	**recuerdo** 레꾸에르도
전통적인	**tradicional** 뜨라디씨오날
가장 유명한 것	**lo más famoso** 로 마쓰 파모쏘
쇼핑백	**bolsa de papel** 볼싸 데 빠뻴
선물	**regalo** 레갈로
포장하다	**envolver** 엔볼베르

스페인 여행 100배 즐기기

걷기만 해도 사랑에 빠지는 도시, '포르투(Porto)'

한때는 전 세계에 식민지를 건설하며 유럽 최고의 강대국이었던 포르투갈. 스페인이 워낙 훌륭해서 '뭘 더 기대하겠냐' 하는 마음으로 간 곳인데 옆 나라 포르투갈은 완전히 다른 매력을 뿜어냈다. 스페인이 열정적이고 선명한 원색의 느낌이라면 포르투갈은 낭만적으로 색이 바랜 빈티지 느낌이랄까? 그중에서도 유네스코 세계문화유산 지정 도시이자 유럽의 서쪽 끝에 위치한 포르투는 이번 여행 통틀어 단연코 가장 로맨틱한 곳이었다. 꿈보다 더 꿈 같은 모습으로 펼쳐져 있던 포르투. 이건 정말 말이 안 되는 거다. 어떻게 이렇게 아름다운 곳이 있을 수 있지?

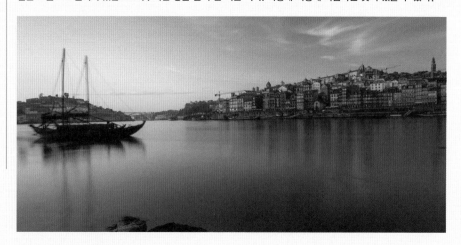

그림 같은 사진 한 장에 반해 여행을 결심하게 되는 곳을 꼽으라면 포르투가 아닐까 싶다. 핑크빛으로 물드는 도루강에 노을이 천천히 다가오는데 오렌지와 보라색으로 물든 사방이 너무 아름다워 눈을 뗄 수 없었다. 해리포터의 작가 조앤 롤링도 포르투에서 2년간 머물며 〈해리포터〉를 집필했다고 하는데 그만큼 예술적 영감이 넘쳐나는 곳이다.

벽에 보이는 푸른색의 타일은 포르투갈을 대표하는 창작물인 '아줄레주'이다. 마누엘 1세(1469~1521)는 스페인 알함브라 궁전의 이슬람식 타일에 매료된 뒤 왕궁을 타일로 치장하기 시작했고 이후 전국적으로 아줄레주가 유행했다고 한다.

포투와인 생산지 도루 밸리 와이너리 체험

자연이 빚은 도루 밸리의 장엄한 풍경. 그 아름다움에 말문이 막혀 한동안 그 저 상념에 잠겼다.

태양이 내리쬐는 한낮에는 섭씨 40도를 오르내리고 60도 이상으로 경사가 져서 생명이 살 수 없었던 도루 밸리. 하지만 사람들은 이 땅을 일일이 손으로 부수고 고랑을 만들어 계단식 포도밭을 일구었고, 척박한 자연을 개척하여 와인 문화를 발전시켰다. 그 독특함을 인정받아 이곳은 2001년 유네스코 세계 자연유산에 등재되었다.

사랑스러운 부부가 운영하는 첫 번째 와이너리

포르투갈 와인 명문가에서 태어나 와인을 전공한 여자와 와인에 대해 알고 싶어 여행을 떠난 러시아 남자는 호주에서 운명처럼 만났고, 결혼 후 포르투갈에 정착하여 유서 깊은 신부 부모님의 와이너리를 운영하게 된다.

스페인 여행
100배 즐기기

포트와인의 유래

100년 전쟁으로 프랑스의 보르도 지방을 잃은 영국은 새롭게 와인을 생산할 지역을 찾아 나섰고 품질 좋은 포도가 자라고 있던 포르투갈의 항구도시 오포르투(Oporto)를 발견하게 된다. 문제는 포르투갈에서 런던까지의 거리가 2,000km라 영국으로 가져오는 동안 와인이 상해버린다는 것이었다. 이에 영국 사람들은 한 가지 아이디어를 떠올리는데 바로 와인을 발효시킬 때 5~10%정도의 브랜디를 쏟아서 독한 와인을 만드는 것. 높은 도수의 술은 상하지 않았고 그리하여 알코올 농도 짙은 단맛의 포트와인이 탄생하게 된다. 일반적인 레드 와인의 알코올 도수는 12~14도 정도인데 반해 강한 브랜디를 섞은 포트와인의 도수는 20도 정도로 높은 편이다.

포트와인은 처음에는 쓰지만 마지막에 느껴지는 달고 향기로운 맛이 일품이다. 도수가 높아 금방 취할 수 있으니 향을 음미하며 천천히 마시는 것이 좋다.

포도 농장 농부의 두 번째 와이너리

두 번째 와이너리에서는 포도 농장을 운영하는 농부가 우리를 기다리고 있었다. 와인 시음을 시작하자 조용하던 풍경에 누가 붓질을 시작한 것처럼 서서히 사람들의 감탄이 터져 나왔다. 빵과 올리브 오일, 와인의 조합일 뿐인데 이렇게 맛있을 수 있다고? 예상하지 못한 상대방의 수에 허를 찔린 것처럼 우리는 당황했고, 그저 상상 속 이상세계에 불과한 이데아인줄 알았던 완벽한 맛에 고개를 끄덕일 수밖에 없었다. 이번엔 와인 코르크 만드는 나무를 보여주신다면서 나무를 통째로 들고 오신다. 세계 와인 코르크의 70%가 포르투갈에서 만들어진다고. 코르크 나무의 두꺼운 껍질로는 와인의 마개를 만들고, 연한 껍질로는 신발, 지갑, 가방 등 다양한 아이템을 생산한다고 한다.

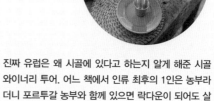

진짜 유럽은 왜 시골에 있다고 하는지 알게 해준 시골 와이너리 투어. 어느 책에서 인류 최후의 1인은 농부라 더니 포르투갈 농부와 함께 있으면 락다운이 되어도 살 아남을 듯하다.